子《こ》ども当《とう》事《じ》者《しゃ》研《けん》究《きゅう》

わたしの心《こころ》の街《まち》には おこるちゃんがいる

子《こ》ども・子《こ》育《そだ》て当《とう》事《じ》者《しゃ》研《けん》究《きゅう》ネットワーク ゆるふわ

自《じ》分《ぶん》で、自《じ》分《ぶん》に聞《き》いてみよう

今《いま》、どんな気分《きぶん》？

甘《あま》いもの食《た》べたい気分《きぶん》

ゲームしたい気分《きぶん》

おんぶしてほしい気分《きぶん》

明日《あした》学校《がっこう》行《い》きたくない気分《きぶん》

布団《ふとん》入《はい》りたい気分《きぶん》

ぼーっとしてる

いいような、わるいような

ごはん食《た》べて、ハッピー

大丈夫《だいじょうぶ》

バッタ取《と》りに行《い》きたい気分《きぶん》

今《いま》、どんな体調《たいちょう》?

お腹《なか》痛《いた》い

目《め》のくまが、心配《しんぱい》

なんとなく寒《さむ》い

全部《ぜんぶ》いい!

生《い》きてるよ

咳《せき》が出《で》て、だるい

背中《せなか》がちょい痛《いた》め

音《おと》が気《き》になる

体《からだ》は元気《げんき》!

どちらかというと悪《わる》い

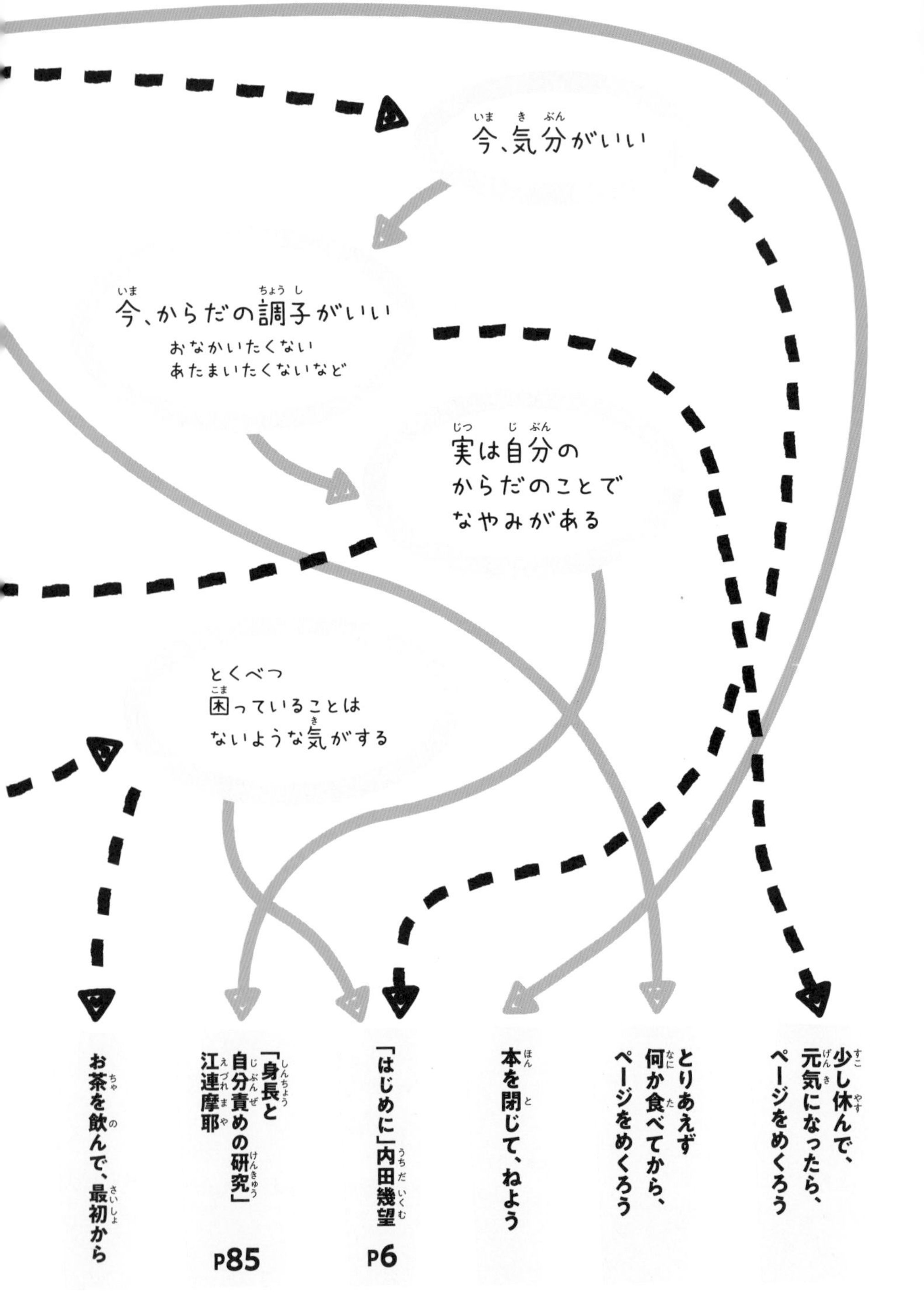
今《いま》、気分《きぶん》がいい
今《いま》、からだの調子《ちょうし》がいい
おなかいたくない
あたまいたくないなど
実《じつ》は自分《じぶん》の
からだのことで
なやみがある
とくべつ
困《こま》っていることは
ないような気《き》がする
少《すこ》し休《やす》んで、元気《げんき》になったら、ページをめくろう
とりあえず何《なに》か食《た》べてから、ページをめくろう
本《ほん》を閉《と》じて、ねよう
「はじめに」内田幾望《うちだいくむ》
P6
「身長《しんちょう》と自分責《じぶんせ》めの研究《けんきゅう》」江連摩耶《えづれまや》
P85
お茶《ちゃ》を飲《の》んで、最初《さいしょ》から

読《よ》むページを、今《いま》の気《き》持《も》ちで決《き》めちゃおう！

YES/NOクイズ（目次《もくじ》）

START

今《いま》お腹《なか》がすいている

NO

今《いま》、ねむい

YES

友《とも》だちとのつきあいで
けっこう困《こま》っている

親《おや》とのつきあいって
ムズカシイなー
って思《おも》う

実《じつ》は学校《がっこう》に行《い》くの
大変《たいへん》に感《かん》じている

自分《じぶん》は自分《じぶん》のままじゃ
いけない気《き》がしている

はじめに

「ぼくと当事者研究《とうじしゃけんきゅう》」

内田幾望《うちだいくむ》

ぼくは五年生《ねんせい》の内田幾望《うちだいくむ》です。ぼくが当事者研究《とうじしゃけんきゅう》に出会《であ》ったきっかけは、一年生《ねんせい》のときに、学校《がっこう》に遅刻《ちこく》するのが不安《ふあん》で、行《い》きたくなくなって、困《こま》ったことでした。

そのときに、お母《かあ》さんが「研究《けんきゅう》してみよう！」と言《い》ってくれたのが、きっかけでした。最初《さいしょ》は、研究《けんきゅう》がわからなかったので不安《ふあん》でしたが、お母《かあ》さんが何度《なんど》も誘《さそ》ってくるので、とりあえずやってみました。

研究《けんきゅう》をしてみてわかったことは、自分《じぶん》の心《こころ》の中《なか》に「街《まち》」があることでした。そこには、いろいろな気持《きも》ちの人々《ひとびと》がいて、役割《やくわり》を持《も》っています。さらに探《さぐ》っていくと、悲《かな》しいことや不安《ふあん》なことがあると、その役割《やくわり》を持《も》ったキャラクターが心《こころ》の街《まち》に広《ひろ》がってしまって、「街《まち》」が暗《くら》くなっていたのです。そうすると、ぼくの心《こころ》も暗《くら》くなりました。

そこで、ノートにそのキャラクターたちを書《か》いて、名前《なまえ》をつけたり特徴《とくちょう》をまとめました。そうすると、そのキャラクターとの付《つ》き合《あ》い方《かた》がわかってきました。たとえば、「悲《かな》しいくん」が広《ひろ》がってきたら「元気《げんき》くん」が来《き》て「悲《かな》しいくん」と遊《あそ》んでもらったり、「不安《ふあん》くん」には「大丈夫《だいじょうぶ》くん」が来《き》て、はげましてもらったりするのです。

学校《がっこう》に行《い》くときも、自分《じぶん》で「大丈夫《だいじょうぶ》くん」を呼《よ》べるようになりました。靴下《くつした》を利用《りよう》した安心《あんしん》お守《まも》りグッズも役立《やくだ》ったと思《おも》います。

一年生《ねんせい》だったときのぼくには、学校《がっこう》ははじめての場所《ばしょ》でした。そういうはじめての場所《ばしょ》にも、まずはチャレンジしてみることが大切《たいせつ》だと今《いま》は思《おも》っています。楽《たの》しみを見《み》つけて、それを楽《たの》しもう！　と思《おも》うことも大事《だいじ》にしています。友《とも》だちができると「遊《あそ》びたいから学校《がっこう》に行《い》こう」という気持《きも》ちにもなりました。

大人《おとな》が言《い》うように、学校《がっこう》に行《い》って、勉強《べんきょう》ができるようになって、良《よ》い大学《だいがく》に入《はい》り、良《よ》い会社《かいしゃ》に勤《つと》めることがぼくはベストだとは思《おも》いません。それよりも、人生《じんせい》の楽《たの》しみを見《み》つけて、人《ひと》とコミュニケーションをとれる人《ひと》になりたいです。そんな風《ふう》に、生《い》き方《かた》について考《かんが》えられるようになったのも研究《けんきゅう》のおかげかもしれません。

この本《ほん》を読《よ》んでくれる人《ひと》に言《い》いたいことは「研究《けんきゅう》をして、自分《じぶん》らしい、より良《よ》い暮《く》らしをしてほしい」ということです。だから、大丈夫《だいじょうぶ》。もし、悩《なや》みや困《こま》っていることがあったら自分《じぶん》のやり方《かた》で気楽《きらく》に研究《けんきゅう》をしてみてほしいと思《おも》います。この本《ほん》に載《の》っている研究《けんきゅう》もぜひ参考《さんこう》にしてください。

ちなみに、今《いま》のぼくの研究《けんきゅう》テーマは「妹《いもうと》との関《かか》わりかた」です。すぐ、ケンカになります。今日《きょう》も最高《さいこう》の一日《にち》だったと眠《ねむ》れるように、研究《けんきゅう》を続《つづ》けていきます。

内田《うちだ》幾望《いくむ》

二〇一〇年《ねん》、北海道札幌市《ほっかいどうさっぽろし》生《う》まれ。現在小学《げんざいしょうがく》五年生《ねんせい》。好《す》きなことはバスケットボール、NBA観戦《かんせん》、オンラインゲーム。研究歴《けんきゅうれき》は五年《ねん》。これまでの研究《けんきゅう》に「安心《あんしん》して学校《がっこう》に行《い》く研究《けんきゅう》」「パパの単身《たんしん》ふにんの研究《けんきゅう》」「兄妹《きょうだい》ゲンカの研究《けんきゅう》」「試合前《しあいまえ》の緊張《きんちょう》の研究《けんきゅう》」。二〇二一年《ねん》に開催《かいさい》された子《こ》ども・子育《こそだ》て当事者研究交流集会《とうじしゃけんきゅうこうりゅうしゅうかい》では、『研究《けんきゅう》のうた』を披露《ひろう》。作詞《さくし》も手《て》がけた。なお、この本《ほん》に収録《しゅうろく》されている「はりこさんの研究《けんきゅう》」の研究者《けんきゅうしゃ》、内田《うちだ》いちのさんは、妹《いもうと》である。

「自分自身《じぶんじしん》で、ともに」

向谷地生良《むかいやちいくよし》

今《いま》、家族《かぞく》や子《こ》どもたちの間《あいだ》で「当事者研究《とうじしゃけんきゅう》」という活動《かつどう》が関心《かんしん》を持《も》たれるようになり、静《しず》かに広《ひろ》まりつつあります。「当事者《とうじしゃ》」というのは、わかりやすく言《い》うと「自分《じぶん》に関心《かんしん》を持《も》っている人《ひと》」「責任《せきにん》を持《も》っている人《ひと》」のことをいいます。普段《ふだん》、何気《なにげ》なく暮《く》らしているわたしたちですが、「思《おも》い通《どお》りにいかないこと」がたくさんあります。まわりを見《み》ても、わたしたちの社会《しゃかい》は困《こま》りごとであふれています。そんな困《こま》りごとや、さまざまな経験《けいけん》を持《も》っている人同士《ひとどうし》が、お互《たが》いに情報交換《じょうほうこうかん》をして、いっしょに考《かんが》え、知恵《ちえ》を出《だ》し合《あ》うことを「研究《けんきゅう》」と言《い》っています。イメージは、夏休《なつやす》みの自由研究《じゆうけんきゅう》で「自分《じぶん》のこと」を、友《とも》だちといっしょに研究《けんきゅう》する感《かん》じです。

このように「当事者研究《とうじしゃけんきゅう》」とは、「自分《じぶん》のことに関心《かんしん》を持《も》っている人《ひと》」が、いっしょに、話《はな》し合《あ》って、今《いま》までにない理解《りかい》やアイデアを生《う》み出《だ》す活動《かつどう》と言《い》えると思《おも》います。大切《たいせつ》なのは、必《かなら》ずしも、自分《じぶん》に関心《かんしん》が持《も》てなくても、そんな自分《じぶん》に関心《かんしん》を持《も》ってくれる人《ひと》がいれば、研究《けんきゅう》は成《な》り立《た》つことです。

ここでわたしの自己紹介《じこしょうかい》をしたいと思《おも》います。わたしの子《こ》どものころを思《おも》い出《だ》すと、とにかく忘《わす》れ物《もの》が多《おお》くて困《こま》っていました。算数《さんすう》の教科書《きょうかしょ》を忘《わす》れると、あわてて教科書《きょうかしょ》を取《と》りに家《いえ》に戻《もど》りました。もちろん、授業《じゅぎょう》に遅《おく》れます。次《つぎ》の国語《こくご》の時間《じかん》になると、国語《こくご》の教科書《きょうかしょ》も忘《わす》れていることに気《き》づくというあり様《さま》でした。実《じつ》はこの「忘《わす》れる」という現象《げんしょう》は、今《いま》も続《つづ》いています。わたしは、そんな自分《じぶん》に困《こま》りながらも「自分《じぶん》ってどうして忘《わす》れ物《もの》が多《おお》いんだろう」と漠然《ばくぜん》と考《かんが》えていました。

新聞《しんぶん》が好《す》きだったわたしは、ある日《ひ》、記事《きじ》の中《なか》に「好奇心《こうきしん》の強《つよ》い人《ひと》（さまざまなことに関心《かんしん》を持《も》つ人《ひと》）は忘《わす》れ物《もの》が多《おお》い」という心理学者《しんりがくしゃ》の話《はなし》を見《み》つけたのです。脳《のう》が記憶《きおく》することのできる量《りょう》は限《かぎ》られていて、新《あたら》しい情報《じょうほう》が入《はい》ってくると、すでに記憶《きおく》されたものをせっせと消去《しょうきょ》する、という仕組《しく》みになっているというのです。

そうなのです。とにかく、わたしは、いつも「これはなぜだろう」と考《かんが》えている子《こ》どもでした。いちばん忘《わす》れられないのが「人《ひと》を好《す》きになることと、お菓子《かし》を好《す》きになること」の違《ちが》いをいつも考《かんが》えていたことです。小学生《しょうがくせい》のころから「なぜ戦争《せんそう》がおきるのか」や、近所《きんじょ》の親《した》しくしていたおばあちゃんが亡《な》くなり、「死《し》ぬこと」にもおそれとともに関心《かんしん》を持《も》っていました。一方《いっぽう》で、小学《しょうがく》一年生《ねんせい》のころは、同級生《どうきゅうせい》とケンカが絶《た》えず、いつも顔《かお》にひっかき傷《きず》をつくっていました。人《ひと》が関心《かんしん》を持《も》たないことに関心《かんしん》を持《も》って行動《こうどう》するわたしは、どうしてもまわりと歩調《ほちょう》が合《あ》わないことがあり、トラブルになりがちでした。特《とく》に、いろいろと規制《きせい》の強《つよ》い先生《せんせい》とは、いつも人間関係《にんげんかんけい》がうまくいかず、注意《ちゅうい》され、しまいには殴《なぐ》られました。

思《おも》い返《かえ》してみると、そんな自分《じぶん》を救《すく》ったのが「研究《けんきゅう》する」という発想《はっそう》でした。中学生《ちゅうがくせい》のころでした。いつも、生徒相談室《せいとそうだんしつ》に呼《よ》ばれて担任《たんにん》であり、部活《ぶかつ》の顧問《こもん》でもあった先生《せんせい》に説教《せっきょう》され、しまいには殴《なぐ》られていたわたしは、「この人間関係《にんげんかんけい》のもつれが、大《おお》きくなって戦争《せんそう》が起《お》きるのではないだろうか」と考《かんが》えたのです。自《じ》分《ぶん》にとって、学校《がっこう》は「戦場《せんじょう》」でした。そこで、わたしが工夫《くふう》したことは「悩《なや》む」という言葉《ことば》を使《つか》わないことでした。そこから、どんな困《こま》りごとや悩《なや》みでも「テーマ」「課題《かだい》」と考《かんが》えて、壁《かべ》にピン止《ど》めするような感《かん》じで乗《の》り越《こ》えるという工夫《くふう》が生《う》まれたのです。すると、不思議《ふしぎ》なことに、気持《きも》ちが少《すこ》しだけ前向《まえむ》きになり、ワクワクしました。特《とく》に中《ちゅう》一のとき、学校《がっこう》に行《い》っていなかった三カ月《げつ》の間《あいだ》、体《からだ》をきたえる為《ため》に、当時《とうじ》、マンガで流《は》行《や》った『巨人《きょじん》の星《ほし》』の星飛雄馬《ほしひゅうま》のマネをして自家製《じかせい》の「大《だい》リーグボール養成《ようせい》ギプス」を考案《こうあん》したり、人目《ひとめ》を忍《しの》んで、河原《かわら》で隠《かく》れ家《が》づくりをしたりしたのが懐《なつ》かしく思《おも》い出《だ》されます。そのように「研究《けんきゅう》する」という営《いとな》みは、人《ひと》を元気《げんき》にする不思議《ふしぎ》な力《ちから》を持《も》っています。

最後《さいご》に、わたしが大好《だいす》きなお母《かあ》さんと小学生《しょうがくせい》の娘《むすめ》さんの「当事者研究《とうじしゃけんきゅう》」のエピソードを紹介《しょうかい》します。ある朝《あさ》、お母《かあ》さんと娘《むすめ》さんが、ささいなことで口論《こうろん》になってしまいました。そのまま、娘《むすめ》さんは学校《がっこう》に行《い》ったのですが、帰《かえ》ってくるなり「お母《かあ》さん、いっしょに研究《けんきゅう》しよう」と言《い》って、ノートの切《き》れ端《はし》を用意《ようい》して、自分《じぶん》とお母《かあ》さんを二個《こ》の紙《かみ》コップに見立《みた》てて、朝《あさ》の出来事《できごと》の研究《けんきゅう》をはじめたのです。すると、朝《あさ》、ふたりの間《あいだ》に起《お》きた苦労《くろう》の内容《ないよう》と、お互《たが》いの気持《きも》ちがわかり、無事《ぶじ》に仲直《なかなお》りができました。

このようにわたしたちの日常《にちじょう》には、たくさんの研究《けんきゅう》の材料《ざいりょう》があります。それを、ちょっとした困《こま》りごとでも、大切《たいせつ》な出来事《できごと》と考《かんが》えて、お互《たが》いに研究《けんきゅう》し合《あ》うことで、人《ひと》や社会《しゃかい》が変《か》わることをわたしたちは、発見《はっけん》しました。この本《ほん》に登場《とうじょう》する子《こ》どもたちは、一人《ひとり》ひとりがりっぱな研究者《けんきゅうしゃ》です。わたしは、「子《こ》どもの知恵《ちえ》が社会《しゃかい》を救《すく》う」と思《おも》っています。

この本《ほん》を通《つう》じて、日本《にほん》、いや、世界中《せかいじゅう》の子《こ》どもたちが、自分《じぶん》を大切《たいせつ》に思《おも》い、研究活動《けんきゅうかつどう》を通《つう》じてつながり合《あ》い、成果《せいか》を発信《はっしん》することで、自分《じぶん》と地域《ちいき》、そして社会《しゃかい》の大切《たいせつ》な「当事者《とうじしゃ》」として役割《やくわり》を果《は》たしていく時代《じだい》が来《く》ることを願《ねが》っています。

向谷地生良《むかいやちいくよし》
一九五五年《ねん》、青森県十和田市《あおもりけんとわだし》生《う》まれ。ソーシャルワーカー、社会《しゃかい》福祉法人浦河《ふくしほうじんうらかわ》べてるの家理事長《いえりじちょう》、北海道医療大学名誉教授《ほっかいどういりょうだいがくめいよきょうじゅ》。べてるの家《いえ》の設立《せつりつ》に関《かか》わり、「当事者研究《とうじしゃけんきゅう》」などの新《あたら》しい分野《ぶんや》も開拓《かいたく》する。著書《ちょしょ》に『技法以前《ぎほういぜん》』（医学書院《いがくしょいん》）等《など》。

研《けん》究《きゅう》の紹《しょう》介《かい》

「自分《じぶん》の気持《きも》ち」や「家族《かぞく》」のこと

わたしの心《こころ》の街《まち》には、おこるちゃんがいる。

おこるちゃんの研究《けんきゅう》

前田《まえだ》 陽向《ひなた》

研究者《けんきゅうしゃ》のプロフィール

名前《なまえ》：前田陽向《まえだひなた》
年齢《ねんれい》：八歳《さい》（小学二年生《しょうがくにねんせい》）
住《す》んでいる場所《ばしょ》：北海道札幌市《ほっかいどうさっぽろし》
研究歴《けんきゅうれき》：三年《ねん》
家族構成《かぞくこうせい》：父《ちち》、母《はは》、弟《おとうと》、わたし
好《す》きなこと：一輪車《いちりんしゃ》・工作《こうさく》

01

当事者研究《とうじしゃけんきゅう》をはじめたきっかけ

幼稚園年長《ようちえんねんちょう》さんのときに
いっくん（内田幾望《うちだいくむ》くん※）の
研究発表《けんきゅうはっぴょう》を見《み》て、
自分《じぶん》の心《こころ》の街《まち》をもっと知《し》りたくなった。

※「はじめに」を書《か》いた人《ひと》

02

これまでやってきた研究《けんきゅう》

- おこるちゃんの研究《けんきゅう》
- 忘《わす》れヨーちゃんの研究《けんきゅう》
- おだっちゃんとたのしいちゃんの研究《けんきゅう》
- 心《こころ》の王様《おうさま》の研究《けんきゅう》

03

今回紹介《こんかいしょうかい》する研究《けんきゅう》は、どうやった？

二〇二〇年《ねん》の夏《なつ》にひなと、ママと、
まきちゃん（写真家《しゃしんか》の江連麻紀《えづれまき》さん）と、

**コメダ珈琲《コーヒー》で
アイスを食《た》べたり
ペンで絵《え》を書《か》いたり
しながら研究《けんきゅう》しました。**

04

研究《けんきゅう》して変《か》わったことは？

・前《まえ》は一日《にち》に二〇から三〇回《かい》くらい
怒《おこ》られていたけれど、
研究《けんきゅう》をしてからは一〇回以内《かいいない》になった。

・パパとママとギューとか
タッチとかすることが
増《ふ》えてうれしさも増《ふ》えた。

05

あなたにとって「当事者研究《とうじしゃけんきゅう》」って？

**とても心《こころ》のことが
わかるから
「心《こころ》のはかせ」になれると思《おも》う。
自分《じぶん》の心《こころ》と仲良《なかよ》くなれる。**

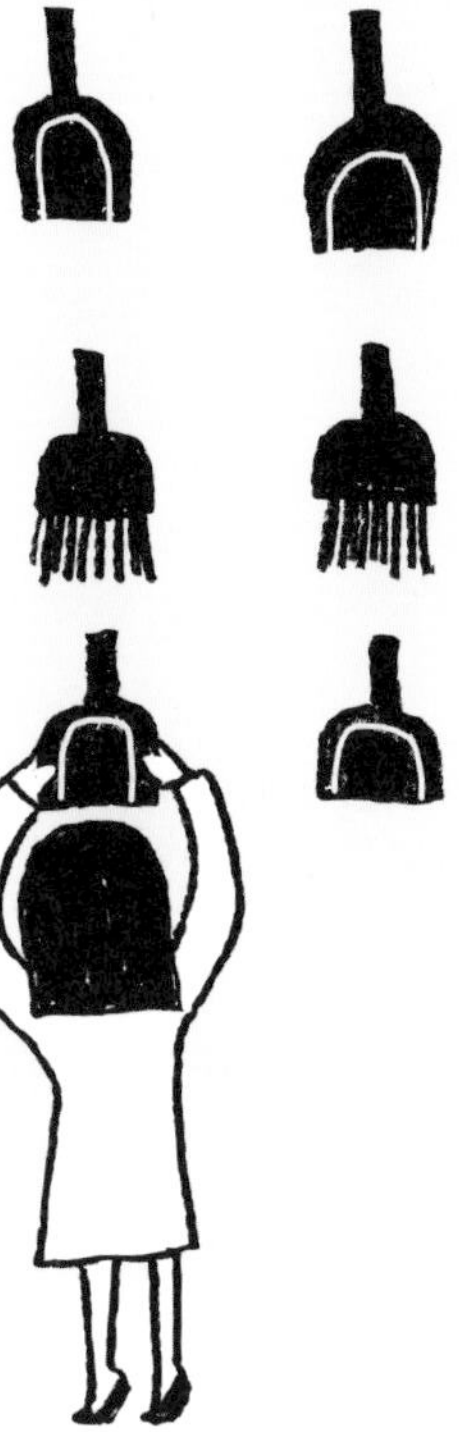

06

研究《けんきゅう》したい人《ひと》へのアドバイス

・研究《けんきゅう》をするときは
大人《おとな》の顔《かお》を見《み》ない（顔色《かおいろ》を伺《うかが》わない）。

・研究《けんきゅう》はやりたいときにやる。

・研究《けんきゅう》した後《あと》も研究《けんきゅう》のことを考《かんが》えたり
誰《だれ》かに聞《き》いてもらったりする。

・いっしょにやってくれる人《ひと》の話《はなし》を聞《き》くこと。

07

これから研究《けんきゅう》を読《よ》む人《ひと》にメッセージ！

わたしの気持《きも》ちが伝《つた》わって、
みんなが仲良《なかよ》く暮《く》らせたらいいなと思《おも》う。

おこるちゃんの研究《けんきゅう》

前田《まえだ》陽向《ひなた》

わたしの心《こころ》の街《まち》には、
おこるちゃんがいる。

おこるちゃんは、
わたしが怒《おこ》られているときに、
バツビームを
たくさん出《だ》してくる。

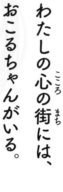

おこるちゃんが、
バツビームを
いっぱい出《だ》すと、
心《こころ》の街《まち》は
バツでいっぱいになる。

でも
おこるちゃん自身《じしん》は、
小《ちい》さくなる。

バツがいっぱいになると、
眠《ねむ》れなくなる。
誰《だれ》かに渡《わた》さないと眠《ねむ》れないから、
弟《おとうと》のケンケンにバツを渡《わた》していた
（八《や》つ当《あ》たりをしていた）。

そこで、ママといっしょに
バツを減《へ》らす方法《ほうほう》を考《かんが》えた。

それが「魔法《まほう》のちりとり」。

「魔法《まほう》のちりとり」は、
バツを吸《す》い込《こ》んでくれる。
心《こころ》の街《まち》のイオンで買《か》える。

買《か》うためには、お金《かね》が必要《ひつよう》。
心《こころ》の街《まち》のお金《かね》は、
ママやパパのハグや笑顔《えがお》。

ママやパパからハグが増《ふ》えると、
心《こころ》の街《まち》のお金《かね》がたまった。

「魔法《まほう》のちりとり」を
たくさん買《か》えるようになった。
もう一〇〇〇個《こ》ぐらいたまって、
バツも少《すく》なくなった。

気持《きも》ちがすごくいいし、
パパやママとの付《つ》き合《あ》いも、
すごく楽《らく》になった。

おこるちゃんは、
今心《いまこころ》の街《まち》から出《で》て、田舎《いなか》にいる。
好《す》きな洋服《ようふく》を着《き》ているし、
お気《き》に入《い》りのソファもある。
落《お》ち着《つ》いていて、にっこりしている。

でもわたしに何《なに》かあれば、
すぐに走《はし》ってきてくれる。

ママと全然違《ぜんぜんちが》ってる

前田由紀《まえだゆき》さん(陽向《ひなた》さんの母《はは》)

ひなちゃんの発想《はっそう》や
物事《ものごと》の見方《みかた》や向《む》き合《あ》い方《かた》、
在《あ》り方《かた》はママと
全然違《ぜんぜんちが》っていて、
いつも学《まな》ばせてもらい
エネルギーをもらっています。
おかげでママの人生《じんせい》の
視野《しや》が広《ひろ》がっていっている
ように思《おも》います。
親子《おやこ》になってくれて
ありがとう!
これからも
よろしくお願《ねが》いします!

親《おや》から一言《ひとこと》!

大人《おとな》から一言《ひとこと》!

びっくりして、
口《くち》がもうあんぐりです。
自分《じぶん》の気持《きも》ちをこうやって、
きちんと整理《せいり》して自分《じぶん》の
世界《せかい》を伝《つた》えているっていう
ことに、びっくりです。
すばらしい。

子《こ》どもは、小《ちい》さいから
わかんないとか、言《い》われた
通《とお》りにやりなさいとかいう、
大人《おとな》が持《も》ちがちな
子《こ》どもへの視点《してん》。
それを変《か》えさせられるというか…。
「親《おや》と付《つ》き合《あ》いやすくなった」って
いうのもいいですね。

びっくりしちゃった

川村敏明《かわむらとしあき》さん(浦河《うらかわ》ひがし町《まち》診療所《しんりょうじょ》 精神科医《せいしんかい》)

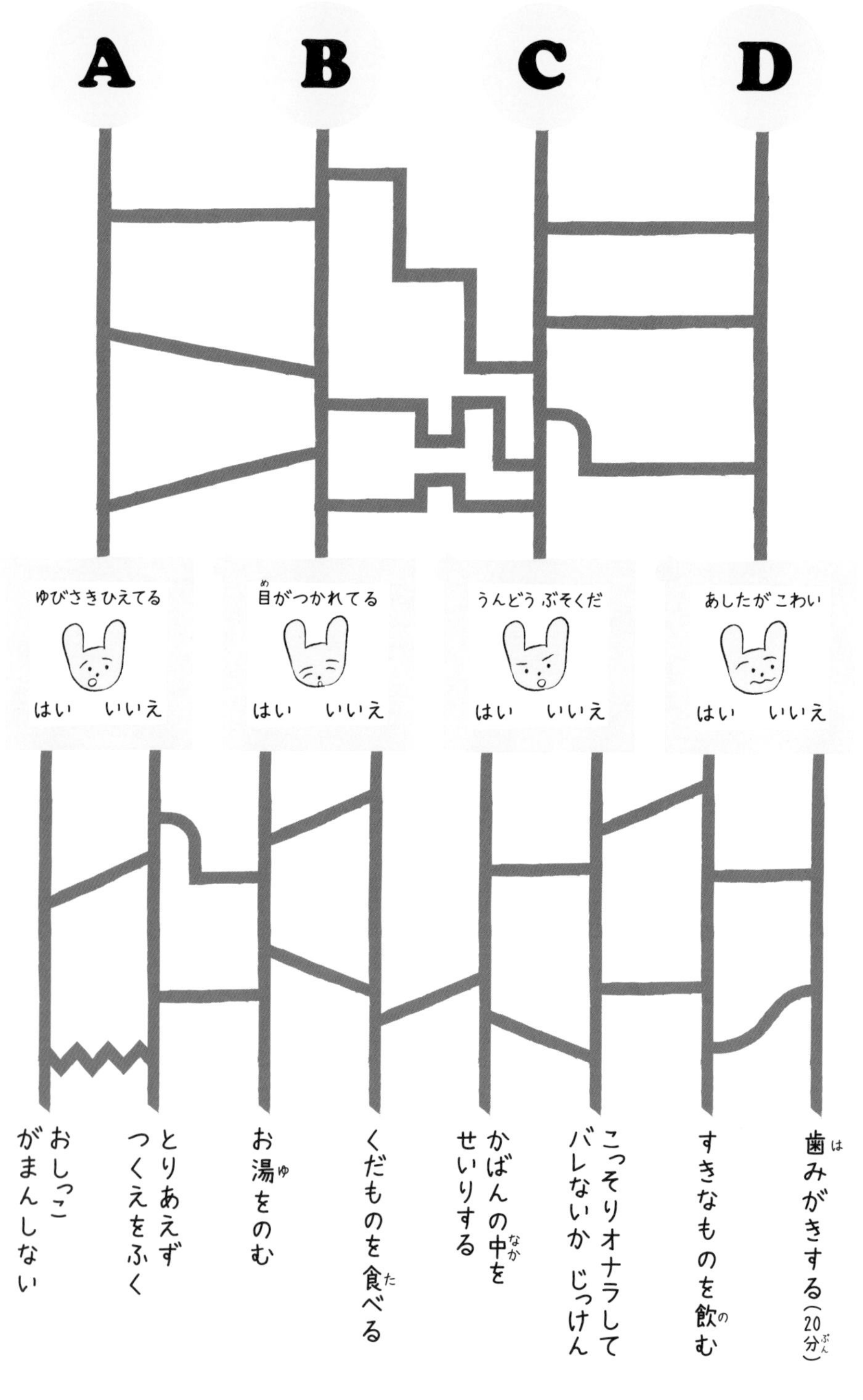
A
B
C
D
ゆびさきひえてる
はい　いいえ
目《め》がつかれてる
はい　いいえ
うんどう ぶそくだ
はい　いいえ
あしたが こわい
はい　いいえ
歯《は》みがきする（20分《ぷん》）
すきなものを飲《の》む
こっそりオナラして バレないか じっけん
かばんの中《なか》を せいりする
くだものを食《た》べる
お湯《ゆ》をのむ
とりあえず つくえをふく
おしっこ がまんしない

わたしは、もっとお母《かあ》さんと遊《あそ》びたい。

お母《かあ》さんと遊《あそ》び足《た》りない！の研究《けんきゅう》

笹渕《ささぶち》 みどり

研究者《けんきゅうしゃ》のプロフィール

名前《なまえ》：笹渕《ささぶち》みどり
年齢《ねんれい》：七歳《さい》（小学《しょうがく》一年生《ねんせい》）
住《す》んでいる場所《ばしょ》：北海道《ほっかいどう》札幌市《さっぽろし》
研究歴《けんきゅうれき》：六年《ねん》
家族構成《かぞくこうせい》：自分《じぶん》、母《はは》
好《す》きなこと：工作《こうさく》、生《い》き物《もの》の観察《かんさつ》、絵《え》を書《か》く、お母《かあ》さんとクッキング

01

当事者《とうじしゃ》研究《けんきゅう》をはじめたきっかけ

お母《かあ》さんがやってたから。

02

これまでやってきた研究《けんきゅう》

・お母《かあ》さんと遊《あそ》び足《た》りない！の研究《けんきゅう》
・お友《とも》だちと公園《こうえん》で遊《あそ》ぶ研究《けんきゅう》

03

今回紹介《こんかいしょうかい》する研究《けんきゅう》は、どうやった？

お母《かあ》さんともっと遊《あそ》びたいことを、伝《つた》えたら、お母《かあ》さんに誘《さそ》われて、はじめた。日曜日《にちようび》の昼間《ひるま》に、家《いえ》の茶《ちゃ》の間《ま》で、お母《かあ》さんと。一時間《じかん》くらいでやった。

04

これからやりたい研究《けんきゅう》

わかんない！　やんない！

05

これから研究《けんきゅう》したい人《ひと》へのアドバイス

誰《だれ》かに相談《そうだん》してみる。
大人《おとな》とか。友《とも》だちでもいいけど、
安心《あんしん》できる人《ひと》。

06

あなたにとって「当事者研究《とうじしゃけんきゅう》」って？

**いろんな人《ひと》に相談《そうだん》して、
いろんな人《ひと》と話《はなし》をする。
お母《かあ》さんは
どんどん悩《なや》みが増《ふ》えていく。
つまり、きりがない。
当事者研究《とうじしゃけんきゅう》もきりがない。
だからずーっと研究《けんきゅう》が必要《ひつよう》なの。**

07

これから研究《けんきゅう》を読《よ》む人《ひと》にメッセージ！

あれは正直《しょうじき》あんまりわかんない。
少《すこ》しはよかったけど、
おすすめかどうかはわかんない。
一回《かい》じぶんで考《かんが》えて、真似《まね》したかったら
やってみるのもいいと思《おも》うよ。

お母《かあ》さんと遊《あそ》び足《た》りない！の研《けん》究《きゅう》

笹渕《ささぶち》みどり

わたしは、もっとお母《かあ》さんと遊《あそ》びたい。おしゃべりしたい。

友《とも》だちと遊《あそ》ぶのも、
ばあばと遊《あそ》ぶのも、
好《す》きだけど、
わたしはお母《かあ》さんと
遊《あそ》びたい。

でも、お母《かあ》さんは
いつも忙《いそが》しそう。

もっとわたしの方《ほう》を
向《む》いてほしい！

わたしの気持《きも》ち

・お母《かあ》さんと
ボードゲームを
いっしょにやりたい
・お菓子《かし》づくりをしたい
・絵本《えほん》を読《よ》みたい

お母《かあ》さんの気《き》持《も》ち

ひとり親《おや》だから、
家《か》事《じ》に仕《し》事《ごと》に
やること満《まん》載《さい》。
みどりの気《き》持《も》ちに、
気《き》づけない。
厳《げん》密《みつ》に言《い》えば
気《き》づいているけど、
やることがたくさんあるし、
疲《つか》れていて、
なかなかいっしょに
遊《あそ》ぶ気《き》になれない。

みどりがどのくらい
不《ふ》満《まん》を持《も》っているのか、
どのくらい
満《み》たされない
気《き》持《も》ちでいるのかが、
いまいちわからない。

わかったら、
遊《あそ》ぼうっていう気《き》持《も》ちに
なるかもしれない。

ふたりで考《かんが》えた解《かい》決《けつ》方《ほう》法《ほう》
ハートスケールをつくる！

ハートの数《かず》で、
「今《いま》」のわたしの
心《こころ》の満《まん》足《ぞく》度《ど》を表《あらわ》す。

研究《けんきゅう》のその後《ご》

ハートスケールは
その後《ご》一カ月《げつ》ほど活躍《かつやく》。

ハートが少《すく》ないと、
お母《かあ》さんはクッキングや
ボードゲームをやろうと
誘《さそ》ってくれた。

でもハートスケールが
使《つか》われなくなって、
お母《かあ》さんは
またあんまり遊《あそ》んで
くれなくなった。

今《いま》は、お母《かあ》さんの
機嫌《きげん》がよさそうなときに、
「今度《こんど》お母《かあ》さんとパンを
つくりたい」とか、
直接《ちょくせつ》伝《つた》えている。
叶《かな》うときもあるし、
叶《かな》わないときもある。

研究《けんきゅう》のもっとその後《ご》（今《いま》）

今《いま》は、当事者研究《とうじしゃけんきゅう》は
したくないし、嫌《きら》い。

なんかしつこく声《こえ》をかけられる。

時間《じかん》が長《なが》いのが、つらい。
短《みじか》いのなら、いい。

親《おや》から一言《ひとこと》!

「チャンス到来《とうらい》!」

笹渕乃梨《ささぶちのり》さん（みどりさんの母《はは》）

この研究《けんきゅう》のテーマについて
心当《こころあ》たりがあり、
ずっと罪悪感《ざいあくかん》を持《も》ちながら
暮《く》らしていたので、
娘《むすめ》からの不満《ふまん》をきいたときは
「チャンス到来《とうらい》!」
という気分《きぶん》だった。
娘《むすめ》の気持《きも》ちや
望《のぞ》んでいることを改《あらた》めて
知《し》ることができてよかった。
人生《じんせい》は大変《たいへん》でおもしろいです。
なるべくおもしろがって
生《い》きていきましょう。
お互《たが》いに。

大人《おとな》から一言《ひとこと》!

研究《けんきゅう》の内容《ないよう》も
すばらしいですが、
最後《さいご》のみどりさんの
「今《いま》はしたくない」
という言葉《ことば》も
すばらしいと思《おも》いました。
大人《おとな》はつい間違《まちが》えて、
いいものだったら、
やらせたくなってしまう。
でも当事者研究《とうじしゃけんきゅう》は、
そういうものじゃないんです。
そこでふんばって、
遊《あそ》びの世界《せかい》を守《まも》る。
大人《おとな》たちが気《き》を
つけなきゃいけないことを、
みどりさんが教《おし》えてくれた
ように感《かん》じました。

遊《あそ》びの世界《せかい》を守《まも》る

熊谷晋一郎《くまがやしんいちろう》さん（東京大学先端科学技術研究《とうきょうだいがくせんたんかがくぎじゅつけんきゅう》センター 准教授《じゅんきょうじゅ》）

ぼくのお父《とう》さんには、圧《あつ》がある。

お父《とう》さんの圧《あつ》の研究《けんきゅう》

水嶋《みずしま》 湊介《そうすけ》

研究者《けんきゅうしゃ》のプロフィール

名前《なまえ》：水嶋湊介《みずしまそうすけ》
年齢《ねんれい》：一一歳《さい》（小学《しょうがく》五年生《ねんせい》）
住《す》んでいる場所《ばしょ》：神奈川県横浜市《かながわけんよこはまし》
研究歴《けんきゅうれき》：二年《ねん》
家族構成《かぞくこうせい》：お父《とう》さん、お母《かあ》さん、弟《おとうと》、ぼく
好《す》きなこと：みんなで遊《あそ》ぶこと、音楽《おんがく》

01

当事者研究《とうじしゃけんきゅう》をはじめたきっかけ

小学《しょうがく》三年生《ねんせい》のとき、お母《かあ》さんから誘《さそ》われて。

02

これまでやってきた研究《けんきゅう》

・お父《とう》さんの圧《あつ》の研究《けんきゅう》
・先生《せんせい》の圧《あつ》の研究《けんきゅう》
・学校《がっこう》に行《い》きたくない研究《けんきゅう》
（三年生《ねんせい》バージョンと五年生《ねんせい》バージョン）

03

今回紹介《こんかいしょうかい》する研究《けんきゅう》は、いつ、どうやったの？

小学《しょうがく》四年生《ねんせい》のとき、お父《とう》さんに
怒《おこ》られるのが嫌《いや》で。

お父《とう》さんの気持《きも》ちが
わからなくて、はじめた。

二カ月《げつ》くらいかけて、
お母《かあ》さんとゆっくりできるときにやったり、
お母《かあ》さんのお友《とも》だちとオンラインで
三人《にん》でやったりした。

04

研究《けんきゅう》して変《か》わったこと

お父《とう》さんが少《すこ》し変《か》わったのかな？

圧《あつ》は相変《あいか》わらずすごい。

05

これから研究《けんきゅう》したい人《ひと》へのアドバイス

いっしょにやりたいって人《ひと》に、
自分《じぶん》の気持《きも》ちを素直《すなお》に話《はな》すといいよ。

06

これからやりたい研究《けんきゅう》

今《いま》すぐには思《おも》いつかない。

07

あなたにとって「当事者研究《とうじしゃけんきゅう》」って？

言葉《ことば》が、出《で》てくる。

「お父《とう》さんの圧《あつ》」の研《けん》究《きゅう》

水嶋《みずしま》 湊介《そうすけ》

＜ぼくの家族《かぞく》＞
ばあ（おばあちゃん）
お父《とう》さん
お母《かあ》さん
ぼく
てんてん（弟《おとうと》）

ぼくのお父《とう》さんには、圧《あつ》がある。

お母《かあ》さんとぼくと弟《おとうと》だと、
少《すこ》しさみしい。
ばあとお母《かあ》さんと
ぼくと弟《おとうと》は、楽《たの》しい。
お父《とう》さんとお母《かあ》さんと
ぼくと弟《おとうと》は、
少《すこ》し圧《あつ》がある。
お父《とう》さんとぼくと弟《おとうと》だと、

圧《あつ》がひどい！

お母《かあ》さんがいると圧《あつ》のバリアになる。

てんてんは
「てんてんのだいじな
にいにを怒《おこ》らないで！」と
言《い》ってくれるけど、
ちょっと遅《おそ》い

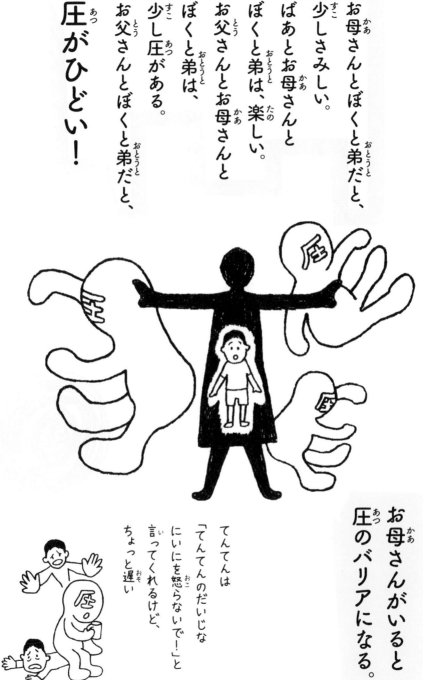

お父《とう》さんの圧《あつ》って、どんなもの？

怒《おこ》ってる人《ひと》に
バッとまとわりつく
そして飛《と》んでくる

・ささる
・つらくなる
・いじめられてる感《かん》じ
・困《こま》ってしまう
・悲《かな》しくなる
そしてもどる

圧《あつ》はテレビの
リモコンみたい。

圧《あつ》が飛《と》んでくると、
ぼくもイライラする
スイッチ押《お》すぞ！
の圧《あつ》もある

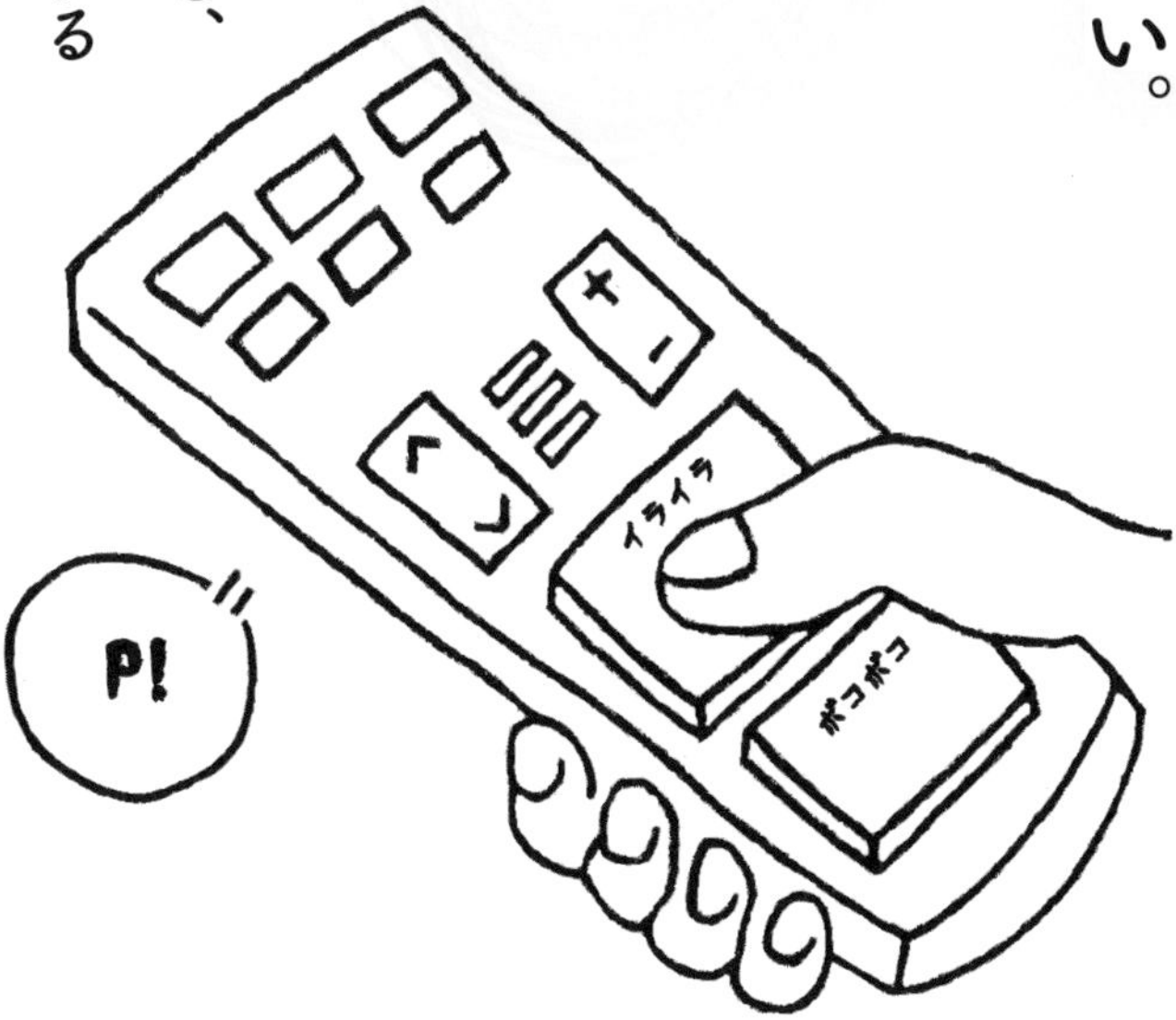

よく考《かんが》えたら、
ぼくもそのリモコンを
持《も》っていた。
お母《かあ》さんも持《も》っていた。

「にこにこスイッチ」や
「圧《あつ》のボリューム下《さ》げる
スイッチ」が
あればいいなぁ
もしかしてお父《とう》さん、
チャンネル
壊《こわ》れてない？

ぼくも、てんてんに
イライラスイッチ
押《お》している

ある日《ひ》放《ほう》課《か》後《ご》等《とう》デイサービスの先生《せんせい》から、すごい圧《あつ》がきた。

お父《とう》さんの方《ほう》がマシだった。

圧《あつ》を一～一〇MAX《まっくす》として、「いま どれくらい圧《あつ》を感《かん》じてる?」と聞《き》いてもらえると、こたえられる。

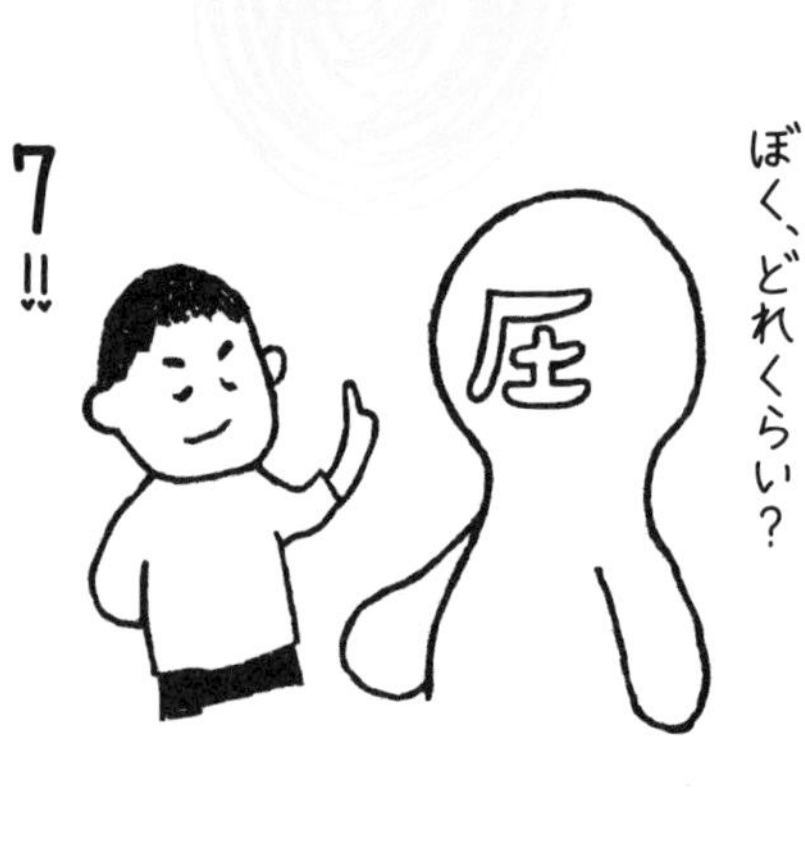

いっしょに考《かんが》えていこう

水嶋舞子《みずしままいこ》さん（湊介《そうすけ》さんの母《はは》）

いろんなことに、
体《からだ》ごと向《む》き合《あ》い、
日《ひ》々《び》成長《せいちょう》していますね！
涙《なみだ》をためながら、
「お父《とう》さんも親《おや》から
怒《おこ》られてきて、
それが今《いま》ぼくに来《き》ている」と
言《い》ったことが忘《わす》れられません。
親《おや》からのギフトには、
いろんなものがあるね。
それでも、どうしたらいいか
いっしょに考《かんが》えてほしい、
と言《い》えるのはすごいこと。
いっしょに考《かんが》えていこう。

親《おや》から一言《ひとこと》！

大人《おとな》から一言《ひとこと》！

とっても考《かんが》えさせられる
研究《けんきゅう》でした。
わたしは、どっちかと言《い》うと、
圧《あつ》をかける人《ひと》と
戦《たたか》っちゃうんです。
でも今《いま》の話《はなし》を聞《き》いたら、
圧《あつ》はどこにでもあって。
圧《あつ》をなくそうとか、
戦《たたか》おうとすると、
すごくしんどくなって、
自分《じぶん》も行《い》き詰《づま》っていくけど、
圧《あつ》について語《かた》ることが、
とても大事《だいじ》なんだなって
教《おし》えられました。

圧《あつ》はどこにでもあるんだ

伊藤恵里子《いとうえりこ》さん（浦河《うらかわ》ひがし町診療所《まちしんりょうじょ》 ソーシャルワーカー）

「学《がっ》校《こう》」のこと

小学《しょうがく》一年生《ねんせい》のとき、学校《がっこう》に行《い》きたくなくなった。

はりこさんの研究《けんきゅう》
～学校《がっこう》との付《つ》き合《あ》い方《かた》

内田《うちだ》 いちの

研究者《けんきゅうしゃ》のプロフィール

名前《なまえ》：内田《うちだ》いちの
年齢《ねんれい》：九歳《さい》（小学《しょうがく》三年生《ねんせい》）
住《す》んでいる場所《ばしょ》：北海道《ほっかいどう》北見市《きたみし》
研究歴《けんきゅうれき》：三年《ねん》
家族構成《かぞくこうせい》：パパ、ママ、兄《あに》、わたし
好《す》きなこと：友《とも》だちと遊《あそ》ぶこと、BTS《ビーティーエス》

01

当事者研究《とうじしゃけんきゅう》をはじめたきっかけ

小学《しょうがく》一年生《ねんせい》のとき、クラスの中《なか》で
乱暴《らんぼう》な子《こ》がいて
学校《がっこう》に行《い》きたくなくなったから、
はじめました。

02

これまでやってきた研究《けんきゅう》

・はりこさんの研究《けんきゅう》 ～学校《がっこう》との付《つ》き合《あ》い方《かた》
・家族会議《かぞくかいぎ》 ～パパの単身《たんしん》ふにん

03

今回紹介《こんかいしょうかい》する研究《けんきゅう》は、どうやった？

「学校《がっこう》に行《い》きたくない」と言《い》ったら、
家族《かぞく》が「どうしたの？」って聞《き》いて
そのまま研究《けんきゅう》しました。
自分《じぶん》の部屋《へや》でママと絵《え》を書《か》いて
ノートにまとめました。
一年生《ねんせい》のときに一回《かい》やって、
実験《じっけん》を続《つづ》けて、
三年生《ねんせい》のときにもう一度《ど》やりました。

04

研究《けんきゅう》をして変《か》わったことは？

・いろんな人《ひと》に出会《であ》うことができた
（たくさんインタビューを受《う》けた）。
・学校《がっこう》に行けるようになった。
・学校《がっこう》の先生《せんせい》が気《き》にしてくれるようになった。
・ママとパパも気《き》にかけてくれます。

05

あなたにとって「当事者研究《とうじしゃけんきゅう》」って？

**うれしくて、大切《たいせつ》なもの。
優《やさ》しくて、ホッとするもの。**

06

研究《けんきゅう》したい人《ひと》へのアドバイス

正直《しょうじき》に話《はな》してみよう。

次《つぎ》の実験《じっけん》や研究《けんきゅう》に向《む》けて
詳《くわ》しくメモをとり、残《のこ》していこう。
親《おや》が研究《けんきゅう》を知《し》っていると、よりはかどる。

07

これから読《よ》む人《ひと》にメッセージ！

参考《さんこう》になったらうれしいです。

はりこさんの研究《けんきゅう》

〜学校《がっこう》との付《つ》き合《あ》い方《かた》

内田《うちだ》いちの

小学《しょうがく》一年生《ねんせい》のとき、
学校《がっこう》に行《い》きたくなくなった。
行《い》こうとすると、
ハチに刺《さ》されたように
胸《むね》やお腹《なか》が痛《いた》くなったり、
涙《なみだ》が出《で》た。

クラスに、
怖《こわ》い言葉《ことば》を使《つか》ったり、
暴力《ぼうりょく》をふるう子《こ》がいた。
でも研究《けんきゅう》をしてみたら、
怖《こわ》いのは、
その子《こ》じゃなかった。

その子《こ》の後《うし》ろに立《た》っている
「はりこさん」が、わたしを怖《こわ》がらせていた。
「はりこさん」は黒《くろ》い長《なが》い髪《かみ》の女《おんな》の人《ひと》で、
ヤンキー包丁《ぼうちょう》を持《も》っている。

ニコニコしているときもあるけど、
キレると怖《こわ》くなり、
何《なに》も悪《わる》いことをしていなくても
「謝《あやま》れ！」と
言《い》われているように感《かん》じて、
ビクビクする。

「はりこさん」は、
その子《こ》の後《うし》ろや前《まえ》や横《よこ》にいて、
人数《にんずう》が増《ふ》えたり、
大《おお》きさを変《か》えたりする。

どうしたら、「はりこさん」がいても、
安心《あんしん》できるのか、
いろいろ実験《じっけん》をしてみた。

「安心《あんしん》バリアクリーム」を体《からだ》にぬって、守《まも》る

お母《かあ》さんとよいにおいがする
白雪姫《しらゆきひめ》のついた
クリームを買《か》った。
学校《がっこう》に行《い》く前《まえ》や、教室《きょうしつ》で
苦《くる》しくなったときに、手《て》にぬって、
においをかぐと落《お》ち着《つ》いた。

「いっちゃんは笑顔《えがお》が
かわいい女《おんな》の子《こ》です。
家族《かぞく》を助《たす》けてくれるし、
お友《とも》だち思《おも》いです。
どうか、もう少《すこ》しやさしくして
あげてください」

「はりこさん」に手紙《てがみ》を書《か》いてみる

お母《かあ》さんが「はりこさん」に
手紙《てがみ》を書《か》いてくれた。
「はりこさん」に
届《とど》いたかもしれないと思《おも》うと、
少《すこ》し安心《あんしん》が増《ふ》えた。

カードをさする

『気《き》もちのリテラシー』(※)という本《ほん》についていたカードを、ティッシュケースに入《い》れて持《も》って行《い》った。嫌《いや》な気持《きも》ちになったらさする練習《れんしゅう》もした。

カードで SOSを出《だ》す

授業中《じゅぎょうちゅう》に
嫌《いや》な気持《きも》ちになったときは、
カードで先生《せんせい》に
サインを出《だ》して、
保健室《ほけんしつ》などに行《い》った。

背中《せなか》に家族《かぞく》を思《おも》い浮《う》かべる

背中《せなか》にいるお父《とう》さんや
お母《かあ》さんに心《こころ》の中《なか》で
「今《いま》、嫌《いや》なことが
あったよ」と報告《ほうこく》すると
気持《きも》ちが楽《らく》になった。

※八巻香織著『気もちのリテラシー「わたし」と世界をつなぐ12の感情』(太郎次郎社エディタス、二〇一九年)

いちばん効果《こうか》があったのは、
「安心《あんしん》クリーム」。
死《し》んだおじいちゃんが
見守《みまも》ってくれている気持《きも》ちになった。

さらに研究《けんきゅう》を続《つづ》けると、
「はりこさん」が持《も》っている
包丁《ほうちょう》の数《かず》は、嫌《いや》なことをされた数《かず》と
つながっていることが、わかった。

四回《かい》安心《あんしん》があると、
包丁《ほうちょう》が一本《ぽん》なくなる。

安心《あんしん》を増《ふ》やすために、
学校《がっこう》でよかったことを紙《かみ》に書《か》いてみた。
学校《がっこう》は嫌《いや》なことがあるけど、
よいこともあるのだとわかった。

「仲《なか》のよい友《とも》だちと話《はな》せた」
「嫌《いや》だなと思《おも》っても、
隣《となり》のクラスで遊《あそ》べた」
「ケンカしても仲直《なかなお》りできた」

安心《あんしん》がない状態《じょうたい》、
まぁまぁな状態《じょうたい》、
安心《あんしん》している状態《じょうたい》を過《す》ごしてみて、
安心《あんしん》に大事《だいじ》なこともわかった。

①休《やす》む
②深呼吸《しんこきゅう》
③寝《ね》る
④一回《かい》ひとりになる
⑤家族《かぞく》や気《き》の合《あ》う友《とも》だちに相談《そうだん》する
⑥苦手《にがて》な人《ひと》にあまり近《ちか》づかない
⑦他《ほか》の子《こ》で同《おな》じ痛《いた》みがわかる子《こ》と話《はな》す
⑧研究《けんきゅう》する

親《おや》から一言《ひとこと》!

「信《しん》じる」練習《れんしゅう》

内田梓《うちだあずさ》さん(いちのさんの母《はは》)

たくさんぶつかったし、仲直《なかなお》りしたし、またケンカもしたね。あなたたちがいてくれたから、お母《かあ》さんは「信《しん》じる」ことを練習《れんしゅう》できています。そして、子育《こそだ》てを通《とお》して人《ひと》に頼《たよ》ったり相談《そうだん》できたりする人《ひと》になれました。与《あた》えられたのはわたしの方《ほう》です。ありがとう。

苦労《くろう》があればもう研究《けんきゅう》ははじまっています。難《むずか》しく考《かんが》えずレッツトライ!

大人《おとな》から一言《ひとこと》!

それぞれの「はりこさん」

向谷地宣明《むかいやちのりあき》さん(株式会社《かぶしきがいしゃ》MCMedian《エムシーメディアン》 代表《だいひょう》、医療法人《いりょうほうじん》社団《しゃだん》宙麦会《そらむぎかい》 理事《りじ》)

自分《じぶん》が経験《けいけん》していくものによって姿《すがた》や状態《じょうたい》が変化《へんか》する「はりこさん」という現象《げんしょう》に気《き》づいて、それについてどんどん詳《くわ》しくなっていったり、いろいろなアイテムや周囲《しゅうい》のサポーターを活用《かつよう》して自分《じぶん》の助《たす》け方《かた》を充実《じゅうじつ》させていく過程《かてい》は、これからのさまざまな研究《けんきゅう》のモデルにもなっていくでしょう。自分《じぶん》も「〇〇に行《い》きたくないのは、△△な『はりこさん』がいるからだな」と気《き》づかせてくれました。

ぼくは、毎日《まいにち》キモいを五〇回《かい》くらい言《い》われてる。

「キモい」の研究《けんきゅう》

～なぜぼくは、キモいと言《い》われるのか

安本《やすもと》 晃《ひかる》

研究者《けんきゅうしゃ》のプロフィール

名前《なまえ》：安本晃《やすもとひかる》
年齢《ねんれい》：一四歳《さい》（中学《ちゅうがく》二年《ねん》生《せい》）
住《す》んでいる場所《ばしょ》：福岡県福岡市《ふくおかけんふくおかし》
研究歴《けんきゅうれき》：四年《ねん》
家族構成《かぞくこうせい》：お父《とう》さん、お母《かあ》さん、ぼく、弟《おとうと》
好《す》きなこと：釣《つ》り

01

当事者研究《とうじしゃけんきゅう》をはじめたきっかけ

小学《しょうがく》四年《ねん》生《せい》のとき、お母《かあ》さんがやろうって言《い》ったから！

02

これまでやってきた研究《けんきゅう》

・チャンスの先延《さきの》ばし症候群《しょうこうぐん》一、二
・ぼくは暇《ひま》じゃないのに暇《ひま》と感《かん》じるのはなぜか
・「キモい」の研究《けんきゅう》
〜なぜぼくは、キモいと言《い》われるのか

03

今回紹介《こんかいしょうかい》する研究《けんきゅう》は、どうやった？

お母《かあ》さんがぼくに質問《しつもん》して、
それをぼくが答《こた》えてまとめる感《かん》じ。

04

研究《けんきゅう》をして変《か》わったことは？

すごいポジティブに考《かんが》えられるようになった。

05

これからやりたい研究《けんきゅう》

ママとぼくの違《ちが》い。

06

あなたにとって「当事者研究《とうじしゃけんきゅう》」って？

多分《たぶん》だけど、悪口《わるぐち》を言《い》われてもポジティブに考《かんが》えられるようになった恩師的《おんしてき》な存在《そんざい》。

07

これから読《よ》む人《ひと》に、メッセージ！

当事者研究《とうじしゃけんきゅう》したらポジティブになりますよ！

いぇいいぇいいいぇい！

「キモい」の研究《けんきゅう》

～なぜぼくは、キモいと言《い》われるのか

安本《やすもと》 晃《ひかる》

ぼくは、毎日《まいにち》キモいを
五〇回《かい》くらい言《い》われてる。
この前《まえ》は学校《がっこう》で、なぐられた。

そもそも「キモい」って、どういう意味《いみ》だろう？

イジメの言葉《ことば》としての「キモい」

センパイからは「キモしろい」と言《い》われているけど、なかよしだ

人《ひと》をバカにする意味《いみ》で
使《つか》われるけど、
本当《ほんとう》にすごい！という
意味《いみ》でも使《つか》われる。
どうやら、
いいキモいと、
悪《わる》いキモいが
あるっぽい。
どちらも、「枠《わく》をこえている」、
「受《う》け入《い》れられない」と
いうのが、根《ね》っこにありそう。
「キモい」は
ただの「音《おと》」なのかも。

イジメから
「逃《に》げてほしい」って
言《い》われるけど、
逃《に》げられない。
逃《に》げるのも、技《わざ》がいる。

このとき、何《なに》が起《お》こって
いるんだろう。
ぼくの中《なか》を、のぞいてみる。

「みとめたほうが
いいおくん」
はやく先生《せんせい》に
言《い》った方《ほう》がいい

「がまんさん」
ここで負《ま》けたら
一生言《いっしょうい》われるぞ!
また先生《せんせい》に
怒《おこ》られるだけ
じゃないか!

「みとめたほうが
いいおくん」が
「がまんさん」の
言《い》うことを
聞《き》いている。

バカにされる

うわさになって
ダサいと言《い》われる

みんなに
いじられる

先生《せんせい》に言《い》う

「がまんさん」の
言《い》うことを聞《き》かないと、
ぼくは
どうなるんだろう？

ループに入《はい》ると…
ぼくは心《こころ》が傷《きず》つく。

もし、がまんさんが倒《たお》れたら、
ぼくはどうなるんだろう？

「ゆるして。もうやめて」と
イジメてくるヤツに言《い》う？…

そしたら、ぼくは
①死《し》にたくなるかも
②学校《がっこう》をやめるかも
③当事者研究《とうじしゃけんきゅう》はするだろう

「がまんさん」にも
役割《やくわり》があった。
ぼくのプライドを、
ぼくを、守《まも》ってくれてるんだ。

もうひとつ、わかったこと。
それは、
逃《に》げる＝大切《たいせつ》にされる場所《ばしょ》への移動《いどう》
だということ。
大切《たいせつ》にされていないと、
ぼくは傷《きず》つくのだということ。
ぼくは傷《きず》ついていたのだということ。

ぼくが傷《きず》つかないように
することは、
ぼくだけではできない。

ぼくは、キモしろく
大切《たいせつ》にされる場所《ばしょ》を
見《み》つけていきたい。

親《おや》から一言《ひとこと》!

もはや研究者《けんきゅうしゃ》だね!

安本志帆《やすもとしほ》さん(晃《ひかる》さんの母《はは》)

研究《けんきゅう》は自分《じぶん》を助《たす》けてくれます。
自分《じぶん》だけでなく、仲間《なかま》も
助《たす》けているそうです。

弱《よわ》さの情報公開《じょうほうこうかい》が
とても上手《じょうず》だと
思《おも》っていたけど、本当《ほんとう》は、
深《ふか》い部分《ぶぶん》においては逆《ぎゃく》に
とても下手《へた》くそなんだと
いうことが研究《けんきゅう》をしている
中《なか》で見《み》えてきました。
なんでもかんでも研究《けんきゅう》の
ネタにするマインドは、
もはや研究者《けんきゅうしゃ》だね!

大人《おとな》から一言《ひとこと》!

人類《じんるい》に貢献《こうけん》する研究《けんきゅう》ですね

向谷地生良《むかいやちいくよし》さん(浦河《うらかわ》べてるの家《いえ》 ソーシャルワーカー)

「キモしろい」、いいですね。
はやらせたいですね。
ユニークな言葉《ことば》を生《う》み出《だ》し
ているのも、晃《ひかる》くんの技《わざ》、
工夫《くふう》のポイントだなと
思《おも》いました。

大変《たいへん》なことが日々《ひび》起《お》きる中《なか》で、
研究《けんきゅう》する力《ちから》で、いろんな
苦労《くろう》の波《なみ》を上手《じょうず》に、
ときにはユーモアを持《も》って、
乗《の》りこなしている晃《ひかる》くんが
目《め》に浮《う》かびました。
いじめは、日本《にほん》だけでなく、
世界中《せかいじゅう》で起《お》きている大事《だいじ》な
苦労《くろう》なので、これからも
発信《はっしん》をお願《ねが》いします。

ぼくは小学《しょうがく》三年生《ねんせい》の夏休《なつやす》みから
小学《しょうがく》五年生《ねんせい》の冬休《ふゆやす》みまで、
どん底《ぞこ》を経験《けいけん》した。

どん底《ぞこ》に落《お》ちて、はいあがる研究《けんきゅう》

川西《かわにし》 顕輝《あきてる》

研究者《けんきゅうしゃ》のプロフィール

名前《なまえ》：川西顕輝《かわにしあきてる》
年齢《ねんれい》：一三歳《さい》（中学《ちゅうがく》一年生《ねんせい》）
住《す》んでいる場所《ばしょ》：香川県東《かがわけんひがし》かがわ市《し》
研究歴《けんきゅうれき》：四年《ねん》
家族構成《かぞくこうせい》：父《ちち》、母《はは》、自分《じぶん》
好《す》きなこと：バスケ、ゲーム

01

当事者研究《とうじしゃけんきゅう》をはじめたきっかけ

小学《しょうがく》二年生《ねんせい》のとき、母《はは》が向谷地生良《むかいやちいくよし》さんの研修《けんしゅう》に参加《さんか》したときに、家《いえ》で当事者研究《とうじしゃけんきゅう》をしたのがきっかけ。

02

これまでやってきた研究《けんきゅう》

小《しょう》二、家《いえ》のコンクリートをふきとばす戦車《せんしゃ》をつくる研究《けんきゅう》
小《しょう》三、どなりまん研究《けんきゅう》
小《しょう》五、学校《がっこう》に行《い》くための研究《けんきゅう》
小《しょう》六、どん底《ぞこ》に落《お》ちて、はいあがる研究《けんきゅう》

03

今回紹介《こんかいしょうかい》する研究《けんきゅう》は、どうやった？

父《ちち》、母《はは》とファミリーレストランで一回話《かいはなし》をして。

どん底《ぞこ》に落《お》ちてる人《ひと》に、どん底《ぞこ》に落《お》ちてもあきらめるなって伝《つた》えたいと思《おも》ったから、やりました。

04
研究《けんきゅう》して変《か》わったことは？

気分《きぶん》が前向《まえむ》きになった。

05
これからやりたい研究《けんきゅう》

バスケの研究《けんきゅう》。

06
研究《けんきゅう》したい人《ひと》へのアドバイス

あんがい楽《たの》しいです。気軽《きがる》にやってみてください。

07
あなたにとって「当事者研究《とうじしゃけんきゅう》」って？

気分転換《きぶんてんかん》の方法《ほうほう》のひとつ。

どん底《ぞこ》に落《お》ちて、はいあがる研究《けんきゅう》

川西《かわにし》 顕輝《あきてる》

ぼくは小学《しょうがく》三年生《ねんせい》の夏休《なつやす》みから
小学《しょうがく》五年生《ねんせい》の冬休《ふゆやす》みまで、
どん底《ぞこ》を経験《けいけん》した。
学校《がっこう》に行《い》きたくても行《い》けなかった。
ひとりでいるとき、誰《だれ》かが家《いえ》に来《き》て
殺《ころ》されるんじゃないかと
思《おも》ったりして、怖《こわ》かった。

ぼくはどうやって、
どん底《ぞこ》に落《お》ちたのか。

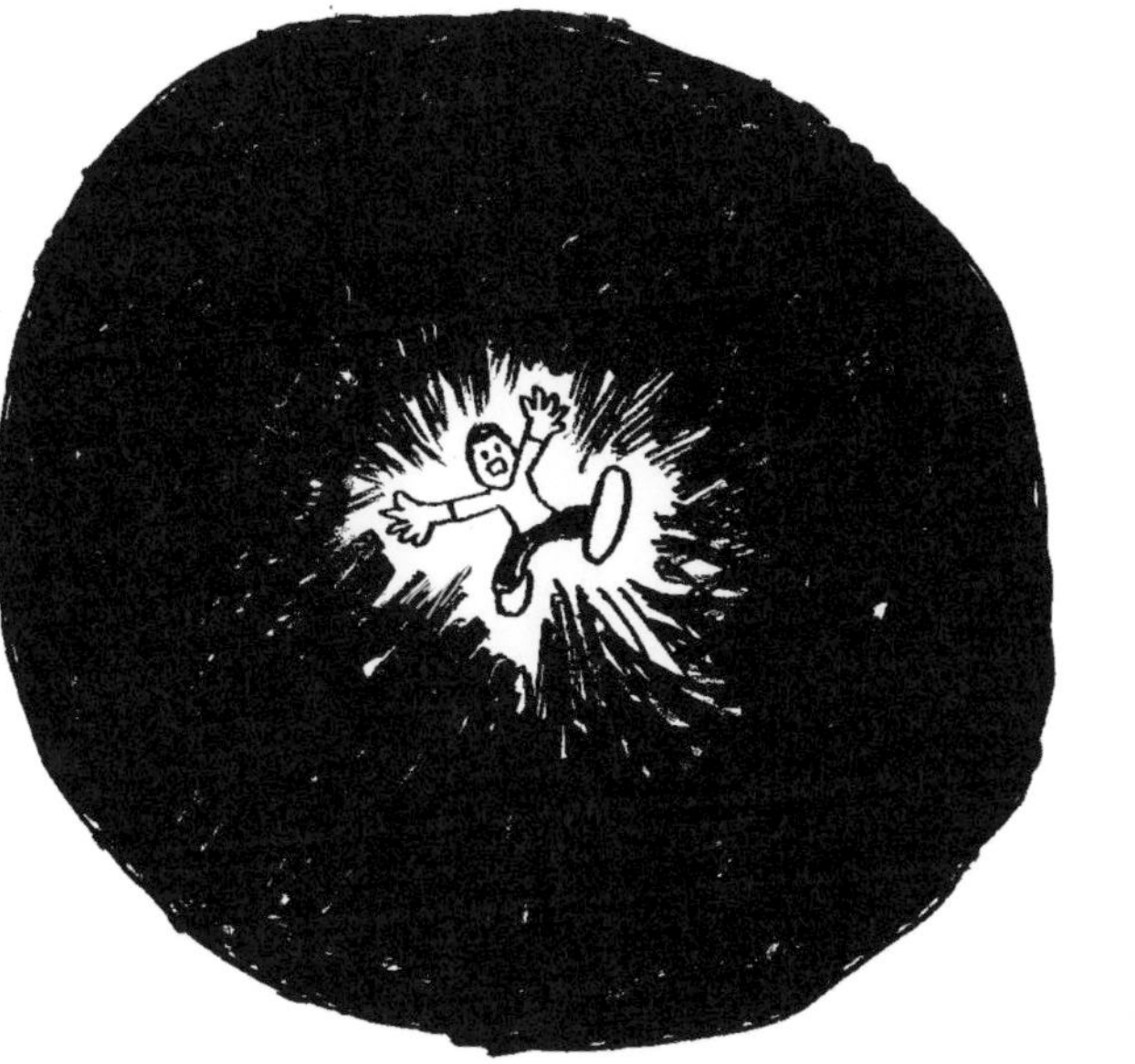

どん底《ぞこ》に落《お》ちるための方法《ほうほう》1

自分《じぶん》の意見《いけん》を
言《い》わずに、
人《ひと》の意見《いけん》に従《したが》って
生《い》きる。

（ぼくの場合《ばあい》）
ゲームの時間《じかん》を
親《おや》の言《い》うことに従《したが》っていた。

どん底《ぞこ》に落《お》ちるための方法《ほうほう》 2

人《ひと》に相談《そうだん》しない。

（ぼくの場合《ばあい》）


言《い》っても「どうせなんもしてくれんわー」と思《おも》っていた。

学校《がっこう》での怖《こわ》いことを親《おや》に相談《そうだん》しなかった。

前《まえ》に親《おや》に怒《おこ》られて中庭《なかにわ》に放《ほう》り出《だ》されたことがあったから、親《おや》も怒《おこ》って助《たす》けてくれん、って思《おも》った。

どん底《ぞこ》は、しんどかった。
そのとき ぼくは
こうやって耐《た》えた。

どん底《ぞこ》の苦《くる》しみに耐《た》える方法《ほうほう》

ネットの人《ひと》と話《はな》す

（ぼくの場合《ばあい》）

ネットでコミュニケーションしたら、
相手《あいて》の顔《かお》が見《み》えないから本音《ほんね》が言《い》える。
それで本音《ほんね》が言《い》えるようになった。

どん底《ぞこ》からはいあがったきっかけ

いちばん怖《こわ》いことを打《う》ち明《あ》けた。

(ぼくの場合《ばあい》)
学校《がっこう》で嫌《いや》だったこと、
怖《こわ》かったことを言《い》った。
「○○っていうことがあったんやけど
どう思《おも》う?」
「どうすればいい?」って
言《い》えるようになった。

どん底《ぞこ》からはいあがるには、落《お》ちる方法《ほうほう》の逆《ぎゃく》をすればいい！

どん底《ぞこ》からはいあがる方法《ほうほう》

1 自分《じぶん》の意見《いけん》で生《い》きる。

自分《じぶん》の考《かんが》えで行動《こうどう》して、
成果《せいか》が出《で》ると自信《じしん》になる。

（ぼくの場合《ばあい》）
ゲームをやり続《つづ》けて
アジア四位《い》になったこと。

どん底《ぞこ》からはいあがる方法《ほうほう》

2 相談《そうだん》する。

（ぼくの場合《ばあい》）
親《おや》と協力《きょうりょく》して、先生《せんせい》に対抗《たいこう》した。
そうすることで、
先生《せんせい》も良《よ》いところだけが残《のこ》った。
今《いま》は親《おや》は助《たす》けてくれると思《おも》う。

どん底《ぞこ》からはいあがると

将来《しょうらい》のことを
考《かんが》えられるようになる。

（ぼくの場合《ばあい》）
将来《しょうらい》のことを考《かんが》えて
学校《がっこう》に行《い》こうと思《おも》った。

親《おや》から一言《ひとこと》！

応援《おうえん》しています

川西伴味《かわにしともみ》さん（顕輝《あきてる》さんの母《はは》）

家族《かぞく》で外食《がいしょく》に行《い》くとき、
急《きゅう》に研究《けんきゅう》しはじめてビックリ。
寝起《ねお》きのベッドでしたことも。
息子《むすこ》の研究《けんきゅう》は唐突《とうとつ》に
はじまります。

研究《けんきゅう》を通《とお》して息子《むすこ》が
考《かんが》えていることがわかり、
本質的《ほんしつてき》なところを
とらえる力《ちから》に驚《おど》きました。
同《おな》じ出来事《できごと》を経験《けいけん》しても、
わたしと息子《むすこ》のとらえ方《かた》や
感《かん》じ方《かた》は違《ちが》うことを、
実感《じっかん》しています。
いつも学《まな》ばせてくれて
ありがとう。応援《おうえん》しています。

大人《おとな》から一言《ひとこと》！

みんなに広《ひろ》げてほしいね

早坂潔《はやさかきよし》さん（浦河《うらかわ》べてるの家《いえ》代表《だいひょう》）

顕輝《あきてる》さんは、いい発想《はっそう》を
持《も》って、ちゃんと苦労《くろう》と
向《む》き合《あ》ってるね。自分《じぶん》で
考《かんが》えているところがいい。
みんなに広《ひろ》げてほしいね。

オレもいろいろあった、
関係《かんけい》の障害《しょうがい》だから。
ちゃんと食《た》べて、寝《ね》ていくしか
ないんだわ。オレもだけど、
放《ほう》っておいたら、
苦《くる》しくなっちゃうから、
研究《けんきゅう》を続《つづ》けて、
仲間《なかま》の輪《わ》に入《はい》って、
話《はなし》をしないといけないね。

「自《じ》分《ぶん》のからだ」のこと

わたしは、一九四八グラムの低《てい》体《たい》重《じゅう》児《じ》で生《う》まれた。

身《しん》長《ちょう》と自《じ》分《ぶん》責《ぜ》めの研《けん》究《きゅう》

江《え》連《づれ》 摩《ま》耶《や》

研究者《けんきゅうしゃ》のプロフィール

名前《なまえ》：江連摩耶《えづれまや》
年齢《ねんれい》：一四歳《さい》（中学《ちゅうがく》二年生《ねんせい》）
住《す》んでいる場所《ばしょ》：神奈川県川崎市《かながわけんかわさきし》
研究歴《けんきゅうれき》：九年《ねん》
家族構成《かぞくこうせい》：お父《とう》さん、お母《かあ》さん、弟《おとうと》（五歳《さい》）、わたし、ネコ
好《す》きなこと：絵《え》を書《か》くこと

01

当事者研究《とうじしゃけんきゅう》をはじめたきっかけ

四歳《さい》のとき、きっかけは覚《おぼ》えていないけど、
困《こま》ったクセがあって
お父《とう》さんとお母《かあ》さんが
はじめたらしいです。

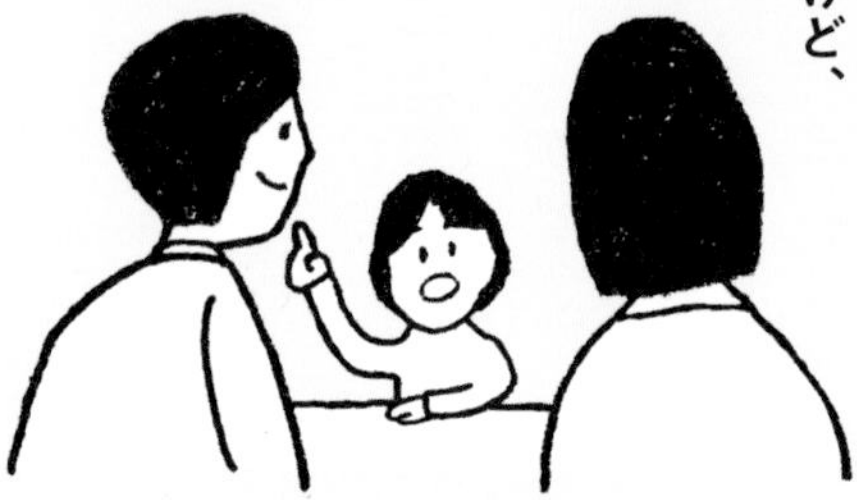

02

これまでやってきた研究《けんきゅう》

- いじめっこ研究《けんきゅう》
- からかいさんの研究《けんきゅう》
- お母《かあ》さんとケンカのふりかえり
- ジコチュウとのつきあい方《かた》
- すねかたの研究《けんきゅう》
- 友《とも》だちとのつきあい方研究《かたけんきゅう》
- ふたりっこの研究《けんきゅう》
- 遠慮《えんりょ》の壁《かべ》の研究《けんきゅう》
- 姉妹《しまい》の研究《けんきゅう》
- 注射《ちゅうしゃ》の研究《けんきゅう》
- 物《もの》がなくならない研究《けんきゅう》
- 弱《よわ》さを出《だ》せない研究《けんきゅう》
- 身長《しんちょう》と自分《じぶん》責《ぜ》めの研究《けんきゅう》

03

今回紹介《こんかいしょうかい》する研究《けんきゅう》は、どうやった？

同級生《どうきゅうせい》にからかわれたことがきっかけで、小学《しょうがく》三年生《ねんせい》から中学《ちゅうがく》一年生《ねんせい》まで不定期《ふていき》で続《つづ》きました。

お母《かあ》さんと（ときどきお父《とう》さんも）家《いえ》の壁《かべ》に貼《は》ってあるホワイトボードを使《つか》ったり、車移動中《くるまいどうちゅう》だったり、わたしの気持《きも》ちが嫌《いや》になるたびにやっていました。五年間《ねんかん》で一五回《かい》くらいはしたと思《おも》います。

04

研究《けんきゅう》して変《か》わったことは？

・自分《じぶん》の気持《きも》ちが変《か》わった。親《おや》の気持《きも》ちも変《か》わっていたからか対応《たいおう》が変《か》わった。

・ずいぶんと気《き》が楽《らく》になった。

・自分《じぶん》の中《なか》の身長《しんちょう》についての気持《きも》ちをどこかに置《お》けるようになった。

05

あなたにとって「当事者研究《とうじしゃけんきゅう》」って？

トイレすることと同《おな》じ。

習慣《しゅうかん》だし、想《おも》いや気持《きも》ちを言葉《ことば》にして出《だ》していくこと。

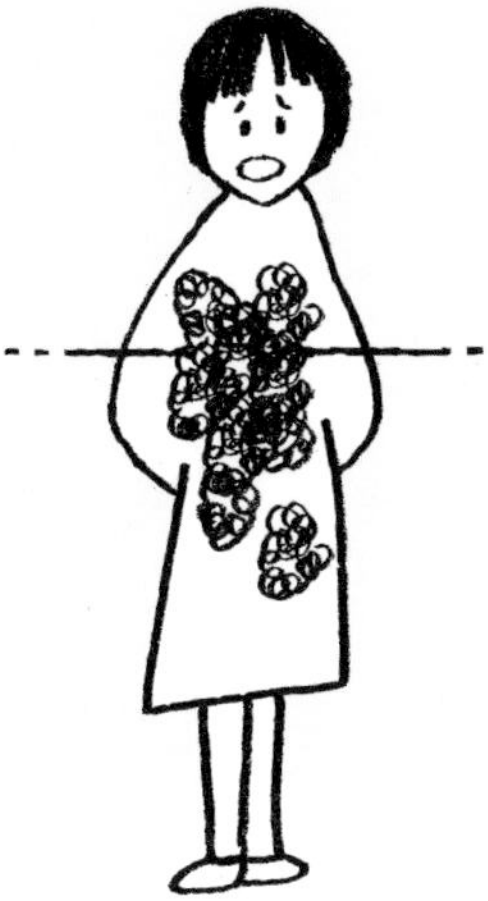

06

これから読《よ》む人《ひと》にメッセージ！

これまで発表《はっぴょう》してない研究《けんきゅう》でしたが、気持《きも》ちが落《お》ち着《つ》いたから発表《はっぴょう》しました。読《よ》んでみてね。

身長《しんちょう》と自分《じぶん》責《ぜ》めの研究《けんきゅう》

江連《えづれ》摩耶《まや》

わたしは一九四八グラムの
低体重児《ていたいじゅうじ》で生《う》まれた。
小学《しょうがく》一年生《ねんせい》のときの
身長《しんちょう》は一〇三センチ。
ランドセルの重《おも》さに
耐《た》えられずに、
よく後《うし》ろに転《ころ》んでいた。

成長《せいちょう》ホルモンの注射《ちゅうしゃ》も、
中学《ちゅうがく》一年生《ねんせい》まで、
打《う》っていた。

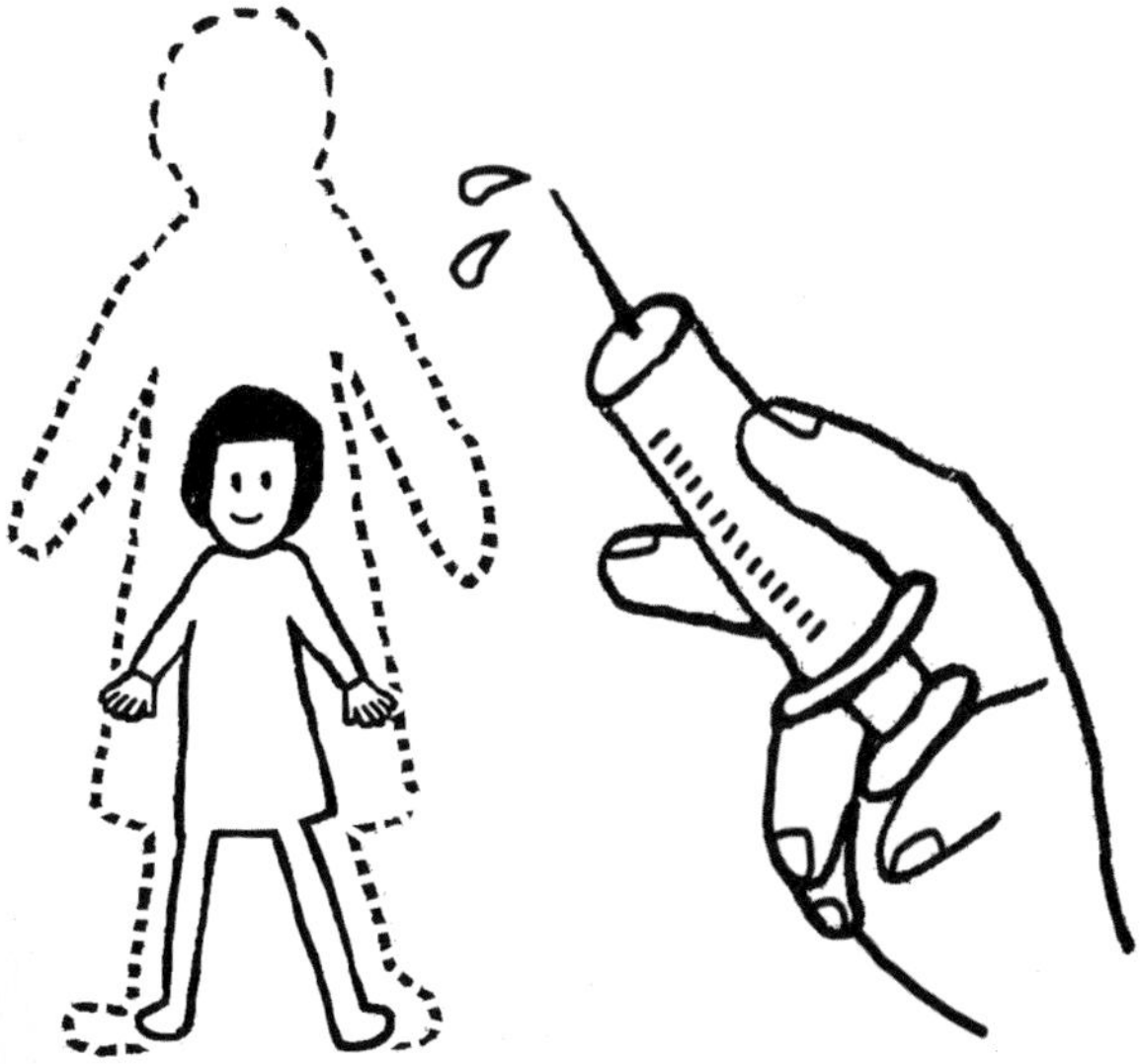

友《とも》だちや近所《きんじょ》の子《こ》から
「チビ！」と言《い》われて
泣《な》いたり、嫌《いや》な気持《きも》ちになった。
だから研究《けんきゅう》することにした。

小学《しょうがく》四年《ねん》生《せい》のとき

頭《あたま》の中《なか》に「ぞわぞわさん」と
「いじめっ子《こ》さん」がいた。

「ぞわぞわさん」がいっぱいになると、
いてもたってもいられなくなる。
「いじめっ子《こ》さん」は、
「チビチビ」言《い》ってくる実在《じつざい》の
クラスメイトの代表《だいひょう》。
キラキラしてる
トゲトゲを持《も》っていて、
ちくっとしてくるイメージ。

「いじめっ子《こ》さん!
まやはかわいいし、おしゃれだし、
弟《おとうと》の面倒《めんどう》も見《み》てくれてるんですよ!」

実験《じっけん》として、
「ぞわぞわさん」と「いじめっ子《こ》さん」が
たくさん来《き》たときは、
お父《とう》さんから声《こえ》を
かけてもらうようにした。
すると、頭《あたま》の中《なか》の
「いじめっ子《こ》さん」が小《ちい》さくなった。

お母《かあ》さんにギュッと
抱《だ》きしめてもらっても、
「いじめっ子《こ》さん」は、小《ちい》さくなった。

ここから、新《あたら》しい自分《じぶん》の
助《たす》け方《かた》として、「ぞわぞわさん」と
「いじめっ子《こ》さん」が来《き》たら、
親《おや》に話《はな》すことにした。

小学《しょうがく》六年生《ねんせい》のとき

小児科《しょうにか》の先生《せんせい》やお母《かあ》さんが
「ごはんを食《た》べな！」と
すごく言《い》うので、
嫌《いや》な気持《きも》ちになった。
心《こころ》の街《まち》の人《ひと》たちも、
わたしに向《む》かって、
いろいろ話《はな》しかけてくる。

話《はな》しかけてくる心《こころ》の街《まち》の住人《じゅうにん》に、
それぞれ名前《なまえ》をつけた。

闇《やみ》くん
「大《おお》きくなれないぞー」
と言《い》ってくる

がんばってるくん
「食《た》べてるよ！」
と言《い》う

へのじくん
「いっぱい食《た》べられないよー」
と言《い》う

言《い》い訳《わけ》くん
「眠《ねむ》いし…、
苦《くる》しくなるし…、
遅刻《ちこく》するし…」
と言《い》う

わかってるくん
「このままじゃ、この量《りょう》じゃ
大《おお》きくなれないなー」
と言《い》う

発見《はっけん》したのは、
登場人物《とうじょうじんぶつ》が意外《いがい》と多《おお》かったということ。
心《こころ》の街《まち》は、住人《じゅうにん》が増《ふ》えて、
このままだと都会《とかい》になりそう。

闇《やみ》くん以外《いがい》は、みんな弱《よわ》い。
闇《やみ》くんは、みんなのお母《かあ》さんかもしれない。

言《い》い訳《わけ》くんは、
いつも側《そば》にいて、なんとか楽《らく》ができないか
いっしょに言《い》い訳《わけ》を考《かんが》えてくれた。

中学《ちゅうがく》二年《ねん》生《せい》のとき（今《いま》）

中学校《ちゅうがっこう》に入《はい》って学校《がっこう》が楽《たの》しくて
幸《しあわ》せになったら身長《しんちょう》のことが
気《き》にならなくなってきた。

でもときどき、友《とも》だちや近所《きんじょ》の子《こ》から
「チビ！」と言《い》われることが
フラッシュバックする。

これまではフラッシュバックが来《く》ると、こんなふうになっていた。

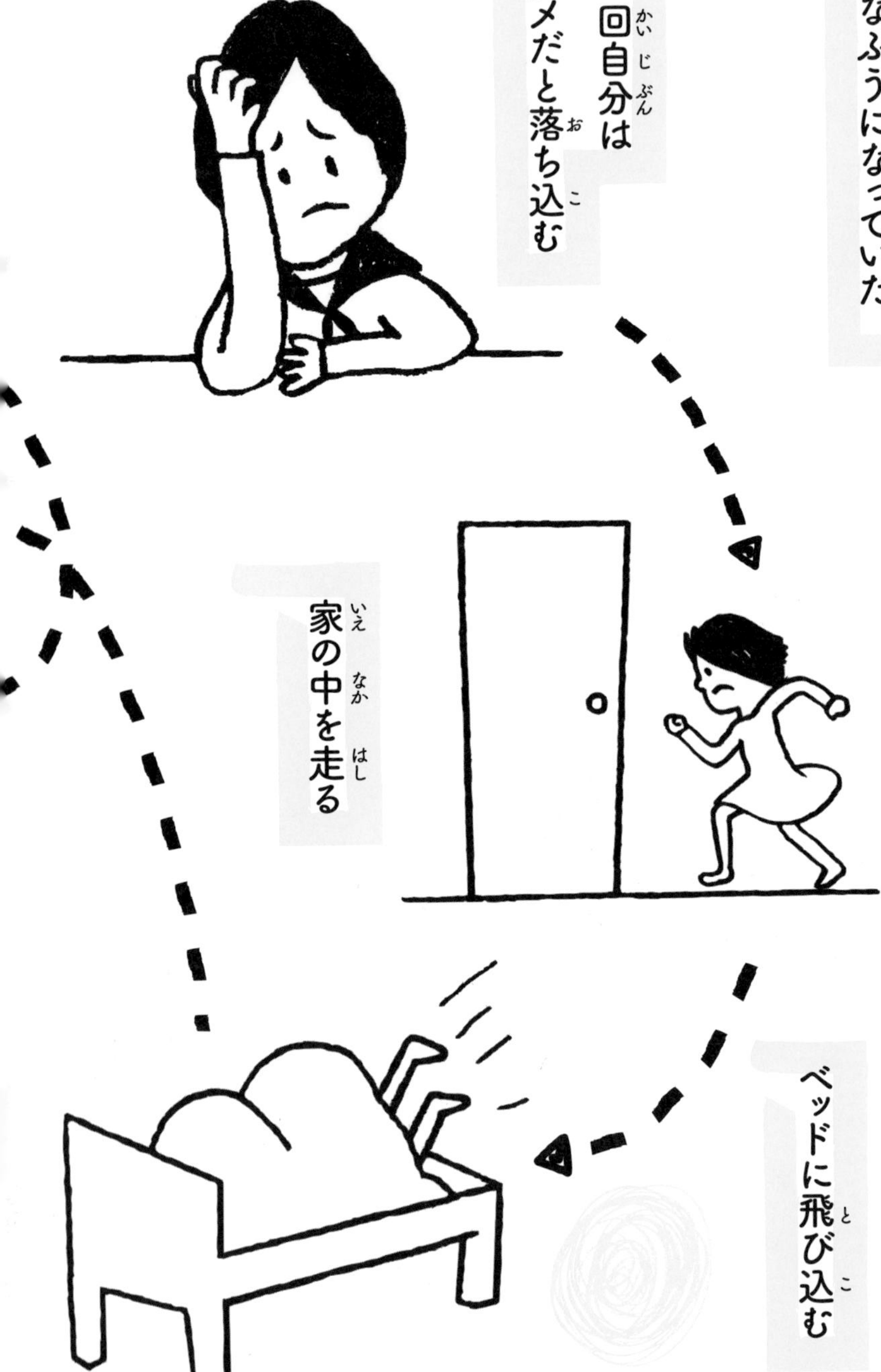
一回《かい》自《じ》分《ぶん》はダメだと落《お》ち込《こ》む

深呼吸《しんこきゅう》する
意味《いみ》ない言葉《ことば》を発《はっ》する
（「ああああー」など）
考《かんが》えても仕方《しかた》がない！
と諦《あきら》める
他《ほか》のことを考《かんが》えはじめる

最近《さいきん》は、おいしいものを
食《た》べることや、推《お》しの活動《かつどう》を
見《み》るのも、効果《こうか》があった。

人《ひと》に困《こま》りごとを話《はな》さないと、
違《ちが》う困《こま》りごとがじわじわと
体《からだ》に出《で》てきて、さらに苦《くる》しくなる。

わたしは、言《い》いたいけど、言《い》えないことを
昔《むかし》からちょっとずつ
ため込《こ》んでいたということも、
発見《はっけん》した。

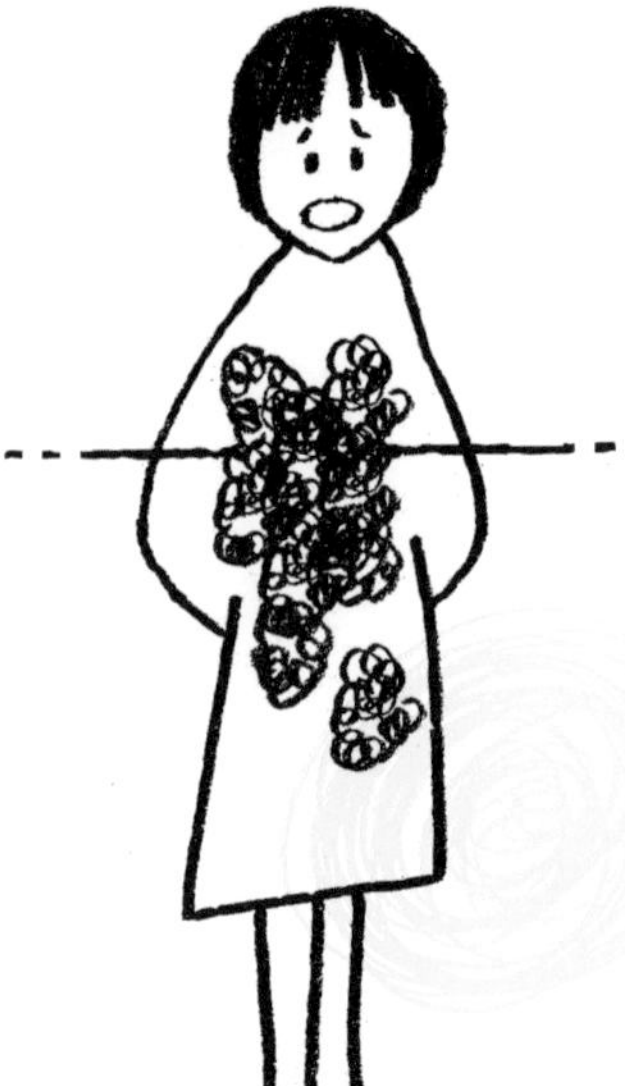

「楽《たの》しいこと、発見《はっけん》」

研究《けんきゅう》をしても、身長《しんちょう》のことで
嫌《いや》な気持《きも》ちになるのは変《か》わらなかった。

つらいことはつらいままだけど、
気持《きも》ちはすっきりした。

つらいことがあっても、
楽《たの》しいことが多《おお》いと、心《こころ》に余裕《よゆう》が
持《も》てることがわかった。

これからも楽《たの》しいことを探《さが》して、
楽《たの》しいことをしていきたい。

親《おや》から一言《ひとこと》!

これからも研究《けんきゅう》しよう

江連麻紀《えづれまき》さん(摩椰《まや》さんの母《はは》)

家族《かぞく》で研究《けんきゅう》する
ということを、実験《じっけん》して
九年《ねん》が経《た》ちました。
子育《こそだ》ても、自分《じぶん》の人生《じんせい》も、
家族関係《かぞくかんけい》も、研究《けんきゅう》がなければ
と思《おも》うとゾッとします。

「お母《かあ》さん、人《ひと》には
言《い》わないで!」と
言《い》われてきた身長《しんちょう》の研究《けんきゅう》を、
発表《はっぴょう》するまでに娘《むすめ》の
気持《きも》ちが変化《へんか》したことが、
印象的《いんしょうてき》です。
これからも研究《けんきゅう》していこう!

大人《おとな》から一言《ひとこと》!

すごい発見《はっけん》ですね

里見喜久夫《さとみきくお》(季刊《きかん》『コトノネ』 編集長《へんしゅうちょう》)

研究《けんきゅう》しても、「つらいことは
つらいままだけれど、
気持《きも》ちがすっきりした」
なんて、すごい発見《はっけん》ですね。

摩耶《まや》さんは、たくさんの
研究《けんきゅう》をしていますが、
研究《けんきゅう》するのは、つらいこと
だけですか。楽《たの》しいことも
研究《けんきゅう》してみるのは、どうですか。
なぜ、楽《たの》しくなるのか。
楽《たの》しいことが、つらくなったり、
たくさんの感情《かんじょう》が混《ま》じり
合《あ》わないのか。知《し》りたいです。

「子《こ》ども当事者《とうじしゃ》研究《けんきゅう》」の研究《けんきゅう》

ひかる

あきてる

ひなた

研究《けんきゅう》のやり方《かた》は、人《ひと》それぞれ。
決《き》まったやり方《かた》はありません。
そうは言《い》っても、どうやったらいいの？
そんな人《ひと》のために、子《こ》どもたちに
「当事者研究《とうじしゃけんきゅう》」を、研究《けんきゅう》してもらいました。

いちの

【発見《はっけん》したポイント】
その①　やりたいときに
その②　ほっとできる相手《あいて》と
その③　どこでだって
その④　食《た》べたり、飲《の》んだりしてもＯＫ！
その⑤　書《か》くのもおすすめ
その⑥　気楽《きらく》に！　自由《じゆう》に！　楽《たの》しく！
その⑦　自分《じぶん》の気持《きも》ちに正直《しょうじき》に

まや

研究者《けんきゅうしゃ》
内田《うちだ》幾望《いくむ》
内田《うちだ》いちの
江連《えづれ》摩耶《まや》
川西《かわにし》顕輝《あきてる》
笹渕《ささぶち》みどり
前田《まえだ》陽向《ひなた》
水嶋《みずしま》湊介《そうすけ》
安本《やすもと》晃《ひかる》

そうすけ

いくむ

みどり

【その① やりたいときに】

準備《じゅんび》はいらない。思《おも》い立《た》ったときにやろう。
でもやりたくないときは、やらなくていい。疲《つか》れたらおしまい!

オロナミンC飲《の》んでも、すっきりしないくらい困《こま》ったときにやる。

いちの

ひかる

自分《じぶん》の機嫌《きげん》の悪《わる》いときは、やらない。一旦《いったん》寝《ね》る。朝《あさ》起《お》きても覚《おぼ》えてたら、研究《けんきゅう》する。

研究《けんきゅう》しようって、予定《よてい》するとできない。やりたいときに、やる。

いくむ

あきてる

ほかにやりたいこと(ゲーム・テレビ)があるときはやらない。お腹《なか》すいててもやらない。

親《おや》に誘《さそ》われても、楽《たの》しいことをしているときはやらない。ゲーム中《ちゅう》は、やりたくない。

いくむ

ひかる

やりたいときにやる。やりたくないときは、やらない。やらないことの方《ほう》が大事《だいじ》。

あきてる

10分《ぷん》でやめることもあるし、数日《すうじつ》かけて、じっくりやることもある。

親《おや》の機嫌《きげん》が悪《わる》いときは予約《よやく》する。テーマを書《か》いて、何日《なんにち》にやりたいか予約《よやく》シートをつくって渡《わた》す。

ひなた

【その② ほっとできる相手《あいて》と】

相手《あいて》がイライラしているとか「ほっとできないとき」はやめよう。
近《ちか》くにほっとできる人《ひと》がいなければ、ひとりでやるのもアリ。

あきてる

そのときの近《ちか》くにいる人《ひと》と。友人《ゆうじん》でも親《おや》でも。でも相手《あいて》は選《えら》ぶ。お父《とう》さんとはゲームの話《はなし》になって研究《けんきゅう》できない。

いちの

家族《かぞく》が相談《そうだん》しやすい。

そうすけ

弟《おとうと》がいないところで! **話《はな》してて邪魔《じゃま》されないって大事《だいじ》!**

あきてる

お母《かあ》さんが仕事《しごと》で疲《つか》れてるときはイライラしやすいから、そういうときは研究《けんきゅう》しない。次《つぎ》の日《ひ》機嫌《きげん》がいいときに話《はな》しかける。

みどり

親《おや》が疲《つか》れてるときは、ちょっと冷《つめ》たい言葉《ことば》で返《かえ》ってくることがあるから、やめた方《ほう》がいい。「今《いま》話《はな》してもいい?」って聞《き》いて、返事《へんじ》もらってからがいい。

ひなた

一日《にち》の遅《おそ》い時間《じかん》は大人《おとな》が怒《おこ》りやすい!

【その② ほっとできる相手《あいて》と】

そうすけ

親《おや》とのことで話《はな》したいときは、
親《おや》のほかに、もうひとり大人《おとな》がいてほしい。
第《だい》三者《しゃ》の前《まえ》だと親《おや》もそんなに怒《おこ》らない。

ひなた

大人《おとな》が機《き》嫌《げん》悪《わる》そうだったら、友《とも》だちとやるのもあり。
ぬぐるみや人形《にんぎょう》でもいい。

あきてる

ひとりでもできる。

いくむ

研究《けんきゅう》をひとりで頭《あたま》の中《なか》で、やったことがある。算数《さんすう》のテストのとき。
その前《まえ》の10分《ぷん》休《やす》みに、友《とも》だちと勉《べん》強《きょう》しようとしたら、テストのことがすごく心配《しんぱい》になって全然《ぜんぜん》集中《しゅうちゅう》できなかった。それで、どうしたらいいか、研究《けんきゅう》して、もうわかんないところは諦《あきら》めようって。楽《たの》しくやろうと思《おも》ったら、心配《しんぱい》はなくなって、プレッシャーもなくなった。そしたら90点《てん》だった。
ひとりでもできる。

【その③ どこでだって】

どこでもできるのも、研究《けんきゅう》のいいところ。
お風呂《ふろ》、居間《いま》、車《くるま》の中《なか》など、自由《じゆう》にどうぞ!

やりたければどこでもいい。でも、雪《ゆき》が降《ふ》ったときの車《くるま》の中《なか》では、運転中《うんてんちゅう》のお母《かあ》さんに話《はな》しかけちゃいけない。

家《いえ》、自分《じぶん》の部屋《へや》、フードコート、スタバが研究《けんきゅう》しやすい。

ぼくは家《いえ》のダイニングテーブルで研究《けんきゅう》するのが好《す》き。

無《む》になれる、自分《じぶん》の世界《せかい》に入《はい》れる場所《ばしょ》でやるのが好《す》き。無音《むおん》の部屋《へや》が好《す》き。でも人前《ひとまえ》でやるのも楽《たの》しい!

話《はなし》が通《つう》じない場所《ばしょ》でも話《はな》すことをやめない。自分《じぶん》の気持《きも》ちを発信《はっしん》しておくと、誰《だれ》か通《つう》じる人《ひと》が出《で》てくることもある。友《とも》だちに通《つう》じなくても先生《せんせい》に通《つう》じるときもある。その逆《ぎゃく》もある。

【その④ 食《た》べたり、飲《の》んだりしてもOK！】

自分《じぶん》の好《す》きな食《た》べ物《もの》や飲《の》み物《もの》を用意《ようい》して、研究《けんきゅう》するのだってOK。
でも、中《なか》には「食《た》べない派《は》」の人《ひと》も。自分《じぶん》には何《なに》が合《あ》っているか、試《ため》してみよう。

みどり

クッキーとかチョコをつまみたい。

まや

食《た》べた方《ほう》がリラックスできるし、リラックスしたほうが話《はな》しやすい。たけのこの里《さと》がおすすめ。

いちの

オロナミンCを飲《の》まないと研究《けんきゅう》できないことがある。

ひかる

考《かんが》えるときは甘《あま》いものが必要《ひつよう》。
コーラとカルピス!

いくむ

チョコレート食《た》べたい、ファンタ飲《の》みたい!
いっしょに食《た》べたり飲《の》んだりすると、話《はなし》が盛《も》り上《あ》がるし、気分転換《きぶんてんかん》や休《きゅう》けいにもなる。

あきてる

考《かんが》えてるときは、食《た》べないし、飲《の》まない。
集中《しゅうちゅう》したい。

ひなた

飲《の》みながら、食《た》べながらだと、集中《しゅうちゅう》できない。食《た》べることしか考《かんが》えられなくなる。

【その⑤ 書《か》くのもおすすめ】

後《あと》で見返《みかえ》すことができるし、忘《わす》れずにすむから、「書《か》く」こともおすすめ。自分《じぶん》で書《か》くのが苦手《にがて》だったら、相手《あいて》の人《ひと》に書《か》いてもらっても。

嫌《いや》な気持《きも》ちは忘《わす》れないけど、何《なに》があったとか出来事《できごと》を忘《わす》れちゃうから書《か》く。書《か》いた方《ほう》がわかりやすい!

文字《もじ》と絵《え》を使《つか》う。**矢印《やじるし》や数字《すうじ》で表《あらわ》すことも多《おお》い。**

書《か》きたい。自分《じぶん》のことを記録《きろく》に残《のこ》したい。考《かんが》えが変《か》わることがあるから、未来《みらい》に見返《みかえ》せる。

書《か》いた方《ほう》がいい。**耳《みみ》から入《はい》ってこないときも、目《め》から入《はい》ってくることがある。**そのときの理解《りかい》しやすい方法《ほうほう》がいい。

低学年《ていがくねん》のときはノートに絵《え》も書《か》いてた。今《いま》はメモるくらい。大《おお》きくなって、もう書《か》きたくない。**やり方《かた》を変《か》えていい。**

聞《き》きそびれてしまうから、文字《もじ》も絵《え》も書《か》いた方《ほう》がいい。聞《き》き逃《のが》しても書《か》いてるところが見直《みなお》せると安心《あんしん》する。

ノートにメモもするけど、頭《あたま》の中《なか》でやることが多《おお》い。おもしろい助《たす》け方《かた》が見《み》つかったら忘《わす》れないようにお母《かあ》さんに伝《つた》える。

【その⑥ 気楽《きらく》に！ 自由《じゆう》に！ 楽《たの》しく！】

研究《けんきゅう》のやり方《かた》に、ルールはない。
とにかく気軽《きがる》に。楽《たの》しく。脱線《だっせん》だって、OK!

あきてる

普通《ふつう》に、自由《じゆう》に、気楽《きらく》にしたらいい。

ひかる

ワクワクすることが大事《だいじ》。人《ひと》から見《み》たらしんどくなるようなテーマも自分《じぶん》がワクワクしてたらやってみる! いじめられたとか、おれしかいない! 自分《じぶん》がワクワクしてることが大事《だいじ》!

まや

楽《たの》しんで脱線《だっせん》もあり! 脱線《だっせん》すると新《あたら》しい発見《はっけん》がある。わかることが増《ふ》える。でも、脱線《だっせん》しすぎるとあれ、なんだっけ? ともなる。

ひなた

弟《おとうと》が友《とも》だちとの付《つ》き合《あ》い方《かた》で困《こま》って泣《な》いたことがあって、声《こえ》かけを練習《れんしゅう》するのに、わたしが先生役《せんせいやく》になって、演技《えんぎ》してやった。

あきてる

楽《たの》しくないテーマのときもある。そういうときは**ピリピリしててもいい。**人間関係《にんげんかんけい》（学校《がっこう》の先生《せんせい》とか）の研究《けんきゅう》は納得《なっとく》いかないことがあってイライラしてるから、ピリつきやすい。でも、研究《けんきゅう》が終《お》わったらすっきり。長《なが》い時間《じかん》話《はな》すと途中《とちゅう》からどうでもよくなることもある。こんな時間《じかん》使《つか》うならバスケしたい、と思《おも》ったりする。

【その⑦ 自分《じぶん》の気持《きも》ちに正直《しょうじき》に】

ため込《こ》まずに、思《おも》ったことを言《い》っちゃおう。
でも、言《い》いたくないときは、言《い》わなくてもいい。とにかく無理《むり》をしない。

あきてる

正直《しょうじき》にならないとモヤモヤが残《のこ》って、ため込《こ》みすぎると爆発《ばくはつ》につながる。

まや

正直《しょうじき》に話《はな》さないと苦《くる》しくなる。苦《くる》しくなると、どんどん気持《きも》ちが話《はな》せなくなる。

ひなた

ママの顔色《かおいろ》を見《み》ない! 怒《おこ》られるかな、これ言《い》っていいのかなと、不安《ふあん》だったけど、言《い》ってみたら「いいじゃん、それ!」と言《い》われて、正直《しょうじき》に言《い》ってもいいんだってわかった。そしたらハッピー扉《とびら》がパカって開《ひら》く。わたしが言《い》いたいことを我慢《がまん》したらハッピー扉《とびら》が閉《し》まっちゃう。
ママがこう思《おも》ってるだろうなということが、意外《いがい》と自分《じぶん》の勘違《かんちが》いで、外《はず》れてることもある。

みどり

大人《おとな》が怒《おこ》ってるときは正直《しょうじき》じゃなくていい。
怒《おこ》られないように。

いくむ

正直《しょうじき》に言《い》うことも大事《だいじ》。
でも無理《むり》に言《い》わなくてもいい。

ひかる

偽《いつわ》ったら当事者研究《とうじしゃけんきゅう》にならない。素直《すなお》な心《こころ》は自分《じぶん》にしかわからない。偽《いつわ》りたくなったらプライドを疑《うたが》え!

意《い》のままにならない世界《せかい》を生《い》きる

熊谷晋一郎《くまがやしんいちろう》

わたしは、小《ちい》さなころから、お腹《なか》が弱《よわ》い子《こ》どもでした。全然《ぜんぜん》自分《じぶん》の思《おも》い通《どお》りにならないから、お腹《なか》を、自分《じぶん》の意思《いし》とは関係《かんけい》のない、独立《どくりつ》したひとつの生命体《せいめいたい》のように感《かん》じてきました。

でも、そんなこと、誰《だれ》かに話《はな》したりしません。となりの人《ひと》に「ちょっと聞《き》いて」って、自分《じぶん》の「お腹《なか》さん」との関係《かんけい》の悩《なや》みを話《はな》すのは、まぁないでしょう。そうすると、なんと言《い》うか、だんだん「お腹《なか》さんとわたし」の関係《かんけい》が、緊迫《きんぱく》してくるんです。どんどん緊張感《きんちょうかん》が高《たか》まってくる。「お腹《なか》さんとわたし」が、密室《みっしつ》にふたりっきりのようになって、だんだん関係性《かんけいせい》が険悪《けんあく》になってしまいました。

でも一八歳《さい》のとき、同《おな》じように車《くるま》イスに乗《の》っている人《ひと》たちで集《あつ》まると、多《おお》くの人《ひと》が、「お腹《なか》さん問題《もんだい》」を抱《かか》えていることがわかりました。トイレが間《ま》に合《あ》わないかもしれない！　という、恐怖心《きょうふしん》をみんな共有《きょうゆう》していました。はじめて「お腹《なか》さん問題《もんだい》」が共通《きょうつう》の話題《わだい》になったんですね。

そうやって、お腹《なか》のことについてオープンに話《はな》せるようになると、「お腹《なか》さんとわたし」だったのが、「お腹《なか》さんたちとわたしたち」みたいになる。そうすると、不思議《ふしぎ》なもので、緊迫感《きんぱくかん》がちょっと和《やわ》らいだんです。なんでも閉《と》じている関係《かんけい》って、どんなに誠実《せいじつ》をつくしても、いい関係《かんけい》を続《つづ》けることは、難《むずか》しい。それは自分《じぶん》の体《からだ》や感情《かんじょう》など、自分《じぶん》に所属《しょぞく》していると思《おも》われやすいけれど、ままならない部分《ぶぶん》に共通《きょうつう》しています。自分《じぶん》の身《み》に起《お》こっていると思《おも》うから、ついつい閉《と》じた関係《かんけい》になってしまうわけですが、外《そと》に開《ひら》くことで、いい関係《かんけい》を取《と》り持《も》てたりする。

この本《ほん》に載《の》っている子《こ》どもたちの研究《けんきゅう》は、そういう当事者研究《とうじしゃけんきゅう》が大切《たいせつ》にしてきた、アニミズム的《てき》というか、擬人化《ぎじんか》することで、ままならなさをとらえ、共有《きょうゆう》し、付《つ》き合《あ》っていく姿勢《しせい》を直感的《ちょっかんてき》につかんでいます。そして、一種《いっしゅ》の遊《あそ》びとして、当事者研究《とうじしゃけんきゅう》を日常《にちじょう》の世界《せかい》に組《く》み入《い》れている。これは、当事者研究冥利《とうじしゃけんきゅうみょうり》につきるというか、研究《けんきゅう》の最先端《さいせんたん》の部分《ぶぶん》を、子《こ》どもたちが担《にな》ってくれていると言《い》えるのかもしれません。

残念《ざんねん》ながら、世《よ》の中《なか》は、ますます不確実《ふかくじつ》なものになってきています。わたしたちが想像《そうぞう》できないほどの「意《い》のままにならない世界《せかい》」に今後《こんご》投《な》げ出《だ》されるかもしれません。そんなとき、大人《おとな》は頼《たよ》りにならないこともあります。なぜなら、多《おお》くの大人《おとな》は、世《よ》の中《なか》が意《い》のままになるという幻覚《げんかく》・妄想《もうそう》におちいり、事実《じじつ》とは違《ちが》う世界観《せかいかん》を持《も》ってしまっているからです。よほど子《こ》どもの方《ほう》が、世《よ》の中《なか》が不確実《ふかくじつ》であることを知《し》っています。自分《じぶん》の不確実《ふかくじつ》さにも、きちんと向《む》きあっています。子《こ》どもたちがはじめてくれた、意《い》のままにならない世界《せかい》を生《い》き抜《ぬ》くための大切《たいせつ》な営《いとな》みは、これからもっと必要《ひつよう》とされると感《かん》じています。

熊谷晋一郎《くまがやしんいちろう》
一九七七年《ねん》山口県《やまぐちけん》生《う》まれ。小児科医《しょうにかい》。新生児仮死《しんせいじかし》の後遺症《こういしょう》で脳性《のうせい》まひに、以後《いご》車《くるま》いす生活《せいかつ》となる。東京大学医学部《とうきょうだいがくいがくぶ》卒業《そつぎょう》後、病院勤務《びょういんきんむ》を経《へ》て、現在《げんざい》は東京大学先端科学技術研究《とうきょうだいがくせんたんかがくぎじゅつけんきゅう》センター准教授《じゅんきょうじゅ》。小児科《しょうにか》という「発達《はったつ》」を扱《あつか》う現場《げんば》で思考《しこう》しつつ、さまざまな当事者《とうじしゃ》と共同研究《きょうどうけんきゅう》を行《おこな》う。著書《ちょしょ》に『リハビリの夜《よる》』（医学書院《いがくしょいん》）、『つながりの作法《さほう》』（ＮＨＫ出版《しゅっぱん》）など。

ふろくの遊《あそ》び方《かた》

本《ほん》についている帯《おび》のここを切《き》ってね!

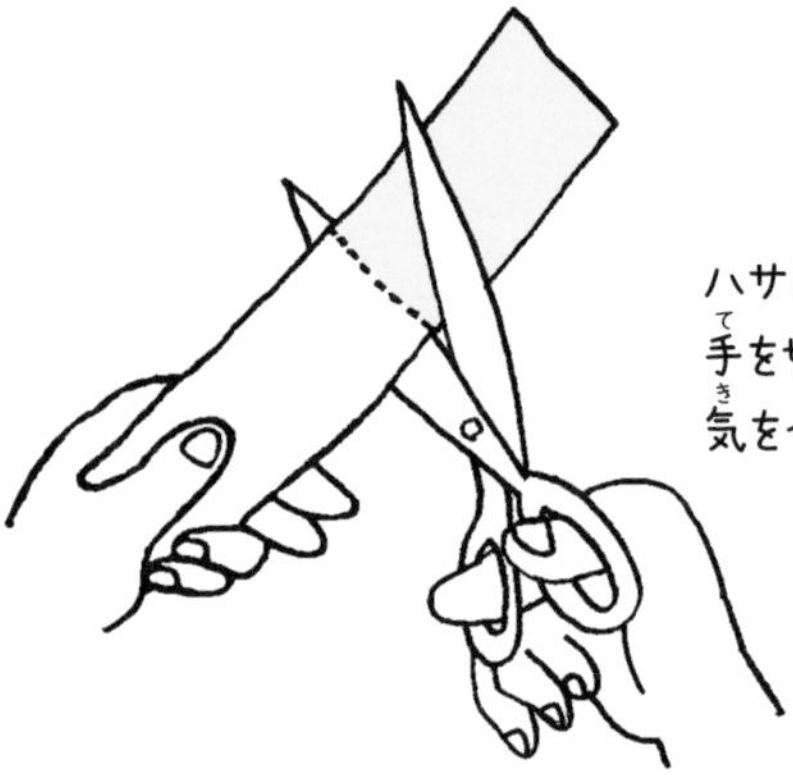

ハサミをつかうときは
手《て》を切《き》らないように
気《き》をつけて!

①帯《おび》を、ハサミマークのところで、切《き》ろう

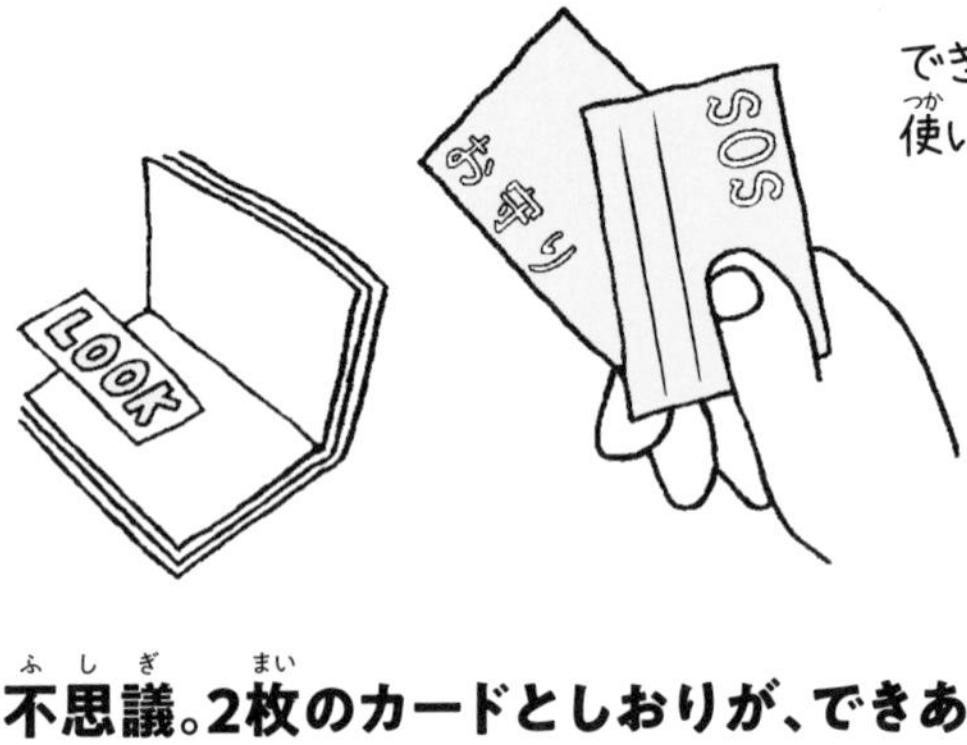

できあがり!
使《つか》い方《かた》は自由《じゆう》だよ

②あら不思議《ふしぎ》。2枚《まい》のカードとしおりが、できあがり!

【カードの使《つか》い方《かた》】

カードは2種類《しゅるい》。「お守《まも》りカード」と、「SOSカード」。使《つか》い方《かた》は無限大《むげんだい》!

眺《なが》めたり、ポケットに入《い》れてさすったり。

もっとカードが欲《ほ》しくなったら、自分《じぶん》でつくっちゃおう。

お守《まも》りカード

たとえば…

◎元気《げんき》がほしい気分《きぶん》のときは

好《す》きな絵《え》や言葉《ことば》を書《か》いたり、「推《お》し」の写真《しゃしん》をはったり。

自分《じぶん》が、うれしい気持《きも》ちになるカードをつくろう。

◎イライラした気持《きも》ちを落《お》ち着《つ》けたいときは

「深呼吸《しんこきゅう》」「大丈夫《だいじょうぶ》」など、自分《じぶん》をはげます言葉《ことば》を書《か》くのがおすすめ。

誰《だれ》かに応援《おうえん》メッセージを書《か》いてもらうのもいいかも!

SOSカード

自分《じぶん》の気持《きも》ちを書《か》いて、伝《つた》えたい人《ひと》に、渡《わた》そう

たとえば…、学校《がっこう》で、教室以外《きょうしついがい》の場所《ばしょ》で休《やす》みたいときに、

行《い》きたい場所《ばしょ》を書《か》いて先生《せんせい》に渡《わた》す。

子ども・子育て当事者研究ネットワーク ゆるふわ
子どもも大人もゆるくふわっと集まる、オンラインベースの子ども・子育て当事者研究ネットワーク。子育てに関わる大人や子どもたち自身がさまざまな経験やテーマを持ち寄って、かたくならずにやわらかく、「雲」のように「ゆるゆる・ふわふわ」ゆっくり移ろいでいくような、そんな研究の場を目指している。オンラインで、年1回子どもたちが自身の研究を発表する交流集会を開催しているほか、月1回子育て当事者研究会も開催。

https://yuru-fuwa.jp/
※本の中のプロフィール等は、2021年11月時点の情報です。

子ども当事者研究
わたしの心の街には おこるちゃんがいる

2022年３月11日 第1刷発行
2022年11月30日 第2刷発行

著者 子ども・子育て当事者研究ネットワーク ゆるふわ

装画 北澤平祐
ブックデザイン・イラスト 小俣裕人
編集 平松 郁

発行者 里見喜久夫
発行所 株式会社コトノネ生活
〒153-0051 東京都目黒区上目黒2-9-35 中目黒GS第2ビル4F
TEL：03-5794-0505　MAIL：uketsuke@kotonone.jp
http://kotonone.jp/

印刷・製本 情報印刷株式会社

ISBN：978-4-907140-41-0 C8036